民族脊梁

国之脊梁

荣恒教育研究院 编

华文出版社
SINO-CULTURE PRESS

图书在版编目（CIP）数据

国之脊梁 / 荣恒教育研究院编. -- 北京 : 华文出版社, 2025. 2. -- ISBN 978-7-5075-6149-4

Ⅰ. K820.7-49

中国国家版本馆CIP数据核字第2025FC3099号

国之脊梁

作　　者：	荣恒教育研究院
策划编辑：	杨艳丽
责任编辑：	袁　博
助理编辑：	朱晓奕
特约编辑：	孙旭慧　陶　聪　张窈璐
出版发行：	华文出版社
地　　址：	北京市西城区广外大街 305 号 8 区 2 号楼
邮政编码：	100055
网　　址：	http://www.hwcbs.cn
电　　话：	总编室 010-58336239　发行部 010-58336212　58336230
	编辑部 010-58336191
经　　销：	新华书店
印　　刷：	河南文教印务有限公司
开　　本：	710×1000　1/16
印　　张：	20
字　　数：	240千字
版　　次：	2025 年 2 月第 1 版
印　　次：	2025 年 2 月第 1 次印刷
标准书号：	ISBN 978-7-5075-6149-4
定　　价：	99.00 元（全3册）

版权所有，侵权必究

目 录

·001· —  **钱学森**
五年归国路,十年两弹成

·007· —  **邓稼先**
戈壁埋名,以身许国

·013· —  **李四光**
永不磨灭的"地质之光"

·019· —  **竺可桢**
用一生诠释"求是"精神

·025· —  **茅以昇**
一生学桥、造桥、写桥

·031· —  **孙家栋**
为祖国造"星星"的人

·037· —  **袁隆平**
稻田里的追梦人

·043· —  **王振义**
大医精诚写大爱

·049· —  **屠呦呦**
一株中国小草改变世界

·055· —  **吴文俊**
让世界重新认识中国数学

·061· —  **王大珩**
永远的追"光"者

·067· —  **张富清**
深藏功名的战斗英雄

·073· —  **高铭暄**
"人民教育家"的法学人生

·079· —  **申纪兰**
为中国妇女拼出半边天

·085· —  **林巧稚**
我国妇女儿童的"守护神"

·091· —  **王永志**
一生为国圆梦飞天

·097· —  **黄大年**
愿将此身长许国

·103· —  **周有光**
一生追光,一生有光

钱学森：五年归国路，十年两弹成

追光计划 第一站 漫画"脊梁"

18世纪开始的工业革命，推动了西方国家科学技术的发展。它们先后研制成功了载人升空的热气球、飞艇和飞机。而我国的航空探索虽然起步早，却陷入长久的停滞期。

落后就要挨打！侵略者们很快打进了中国国门，给这片黄土地带来无尽的灾难。

此时，国立交通大学的一名学子，意识到发展中国自己的航天工业十分重要。于是，他废寝忘食、通宵达旦地学习。他就是**钱学森**。

1935年，钱学森进入美国麻省理工学院航空系学习，后来又成为世界著名空气动力学教授冯·卡门的得意弟子，在28岁时就成为世界知名的**空气动力学家**。

遭受了美方百般阻挠的钱学森于1955年艰难归国。回到祖国的他全身心投入到祖国的航空航天事业中，**带领团队**逐一攻破重大技术难关，为我国**导弹、航天事业**做出了巨大贡献。

国之脊梁 民族脊梁

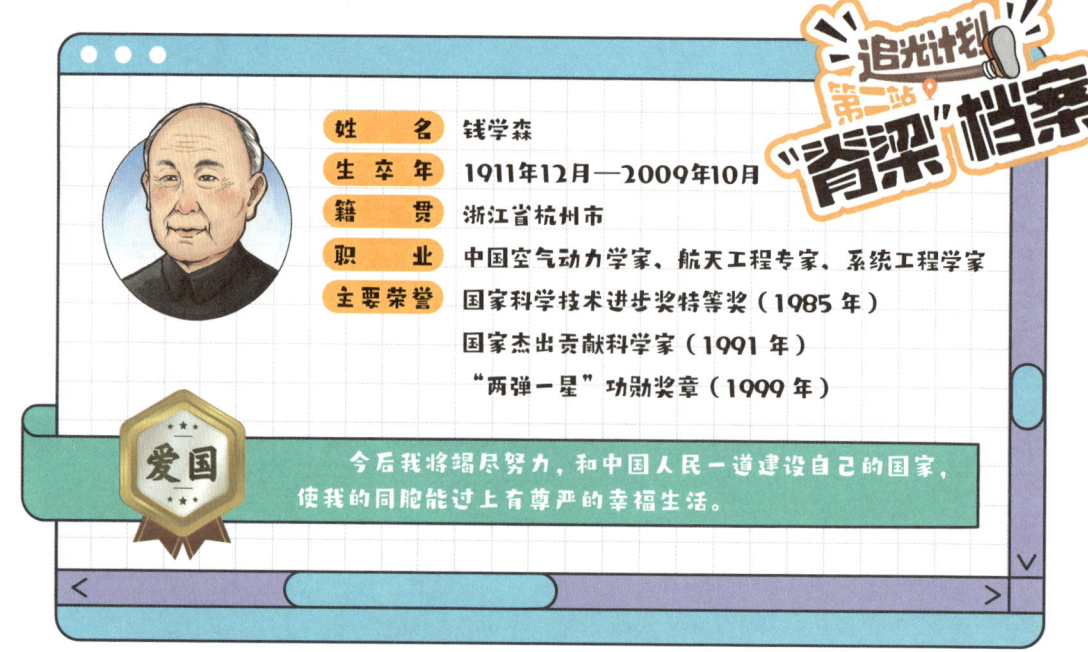

追光计划 第二站
"脊梁"档案

姓　　名	钱学森
生 卒 年	1911年12月—2009年10月
籍　　贯	浙江省杭州市
职　　业	中国空气动力学家、航天工程专家、系统工程学家
主要荣誉	国家科学技术进步奖特等奖（1985年） 国家杰出贡献科学家（1991年） "两弹一星"功勋奖章（1999年）

爱国

今后我将竭尽努力，和中国人民一道建设自己的国家，使我的同胞能过上有尊严的幸福生活。

追光计划 第三站
"脊梁"故事

心怀祖国去求学

1911年12月11日，钱学森出生于上海市。钱学森幼年时期就对科学知识充满向往，读书非常刻苦。长辈的言传身教和自身的勤学善思，为他的成长打下了良好的基础。

1923年，钱学森进入北京师范大学附属中学学习。虽然年纪尚小，但他心中已经开始思考国家、民族的存亡问题。他知道，只有努力学习，才能振兴国家和民族。

1929年，钱学森以优异的成绩考入上海的国立交通大学，在"实业救国"的感召下，决心学习工科，攻读铁道机械工程专业。

1932年1月，昔日繁华的上海街头，连续数日被日军的飞机投掷炸弹，

课本链接：《语文》四年级下册第二十三课《黄继光》阅读链接《祖国，我终于回来了》

钱学森 ● 五年归国路，十年两弹成

火光漫天，满目疮痍（眼睛看到的都是创伤，比喻到处都是遭受严重破坏或灾祸后的残破景象）。热血青年钱学森目睹了这一切，心中的愤慨无以言表，他深刻意识到中国的航空力量太弱了，于是毅然决然转到航天航空系改学航空工程，以便掌握飞机制造的尖端技术。

1934年，钱学森考取了清华大学留美公费生，并于次年赴美留学深造。"现在中国政局混乱，豺狼当道，我到美国去学技术是暂时的，学成之后，一定回来为祖国效力。"临行前，他向同学袒露心声。

 五年归国路

在美国留学期间，钱学森如饥似渴（就像饥饿时想要吃饭，干渴时想要饮水一样。形容要求或愿望非常强烈迫切）地学习着航空航天及空气动力等相关知识，成绩非常出色，在28岁时他就已经成为世界知名的空气动力学家。他还和几位同学一起组成了一个"火箭研究小组"。虽然在火箭实验期间发生过多次意外爆炸，但他仍不惧艰险，继续实验，在近代力学和喷气推进等科学研究方面获取了宝贵经验，也终于取得了一些研究成果。这些经验和成果为他后来取得瞩目的成就奠定了基础，但这也使他受到了美国军方的关注。

1947年，钱学森成为美国麻省理工学院教授。虽然身在异国，但钱学森无时无刻不思归国。对于在美国取得的种种成就，他说，所有这一切都是在做准备，为了回到祖国后能为人民做点事。

当中华人民共和国成立的消息传到美国时，钱学森欣喜若狂，当即就决定携家人回国发展。而这完全出乎美国军方的意料。为了阻挠钱学森回国，美国司法部移民归化局对其无端指控，在他被证明无辜后，依然受到了长达5年的软禁。

不过，任何磨难、阻碍都无法冷却钱学森的一腔爱国热情，被软禁的5年间，他并没有消极等待，而是积极地为回国做准备。他还在这期间开始了一门新学科的研究——工程控制论。

最终，在中国政府的强烈要求和多方斡（wò）旋下，钱学森和家人终于在1955年9月17日踏上了归国之路。

临行前，面对美国记者，钱学森微笑着说出了自己的心声："今后我将竭尽努力，和中国人民一道建设自己的国家，使我的同胞能过上有尊严的幸福生活。"

 十年两弹成

钱学森回国后，立刻全身心投入祖国的航空航天事业中。当时，中国在航空航天和火箭导弹领域的研究几乎是空白的。钱学森带领着科研团队，从无到有，开始了艰难的探索。

没有先进的设备，没有足够的经验……钱学森凭借卓越的智慧和勇气，凭借坚定的信念，带领第一代航天人逐个攻克重大技术难题，让中国的航空航天和火箭导弹事业取得了 举世瞩目（世上的人都注视着，形容受到普遍关注） 的成就。

钱学森也因此被誉为"中国导弹之父"、"两弹一星"元勋、"中国航天之父"。

1991年10月16日，一次特别的颁奖仪式在人民大会堂隆重举行，获奖人只有一位——钱学森，他被授予"国家杰出贡献科学家"荣誉称号和"一级英雄模范"奖章。

> **知识链接**
>
> 两弹一星："两弹"中的一弹是原子弹，后来演变为原子弹和氢弹的合称；另一弹是指导弹。"一星"则是人造地球卫星。我国相继在1964年成为世界上第五个拥有原子弹的国家，在1967年成为世界上第四个拥有氢弹的国家，在1970年成为世界上第五个能独立发射人造地球卫星的国家。

钱学森在发表获奖感言时，说他这次获得荣誉，并不是很激动，其实，他这一辈子有三次非常激动的时刻：第一次是在1955年，他被允许可以回国了，并得到冯·卡门老师的赞誉；第二次是在1959年11月12日，他被接纳为中国共产党正式党员；第三次则是在中共中央组织部把他和雷锋、焦裕禄、王进喜、史来贺5人列为中华人民共和国成立40年来在群众中享有崇高威望的共产党员的优秀代表。

"爱国、奉献、求真、创新"是钱学森精神的内涵，也是钱学森一生的真实写照。这种精神，在今天依然闪耀着璀璨的光芒，激励着新时代的青年人，为实现中华民族伟大复兴的中国梦而不断努力。

国之脊梁・民族脊梁

钱学森是一位伟大的科学家，他像一座闪耀的灯塔，照亮了中国航空航天和导弹事业的前行之路。**他把个人理想与国家需求紧密相连，始终坚守科学家的职业操守，怀揣着爱国热情和为人民谋福祉的信念，投身于提升国家科技实力的事业中。**他冲破重重阻碍毅然回国的**爱国情怀**，以及为科学事业奉献一生的精神，不仅激励着一代又一代年轻科学家勇攀科学高峰，而且激励着我们在自己的领域里不懈努力，为祖国的繁荣发展贡献自己的力量。

亲爱的小读者，读完钱学森的故事，你有什么感悟呢？作为一名小学生，你认为该如何表达自己的爱国情怀，并且通过行动体现出来呢？

邓稼先：戈壁埋名，以身许国

扫码听音频

追光计划 第一站 漫画"脊梁"

它叫原子弹，别看它外表平平无奇，内里却蕴藏着让人闻之色变的恐怖力量，具有巨大的破坏力。

为了在战争中占据优势，外国科学家纷纷投入到原子弹的研发中。

1945年7月16日，世界上第一颗原子弹在美国爆炸成功。

1949年，苏联第一颗原子弹爆炸成功。

1952年，英国第一颗原子弹爆炸成功。

1960年，法国第一颗原子弹爆炸成功。

为了国家安全，中国决定**研制原子弹**。年轻的科学家邓稼先站了出来，他说："我要让中国拥有自己的原子弹！"

荒无人烟的戈壁滩上，邓稼先和他带领的团队以**非凡的毅力和智慧**，战胜重重困难……1964年10月16日，中国第一颗原子弹爆炸成功！

国之脊梁·民族脊梁

把生命献给未来的工作

和钱学森一样,邓稼先也是在中华人民共和国成立后,响应党和国家的号召,放弃了美国优越的工作条件,回到了当时一穷二白的祖国。

1950年,邓稼先在获得美国普渡大学的博士学位后的第九天,怀着"将来祖国建设需要人才,我一定学成回来"的初心,毅然登上了归国的客轮。

回国后的邓稼先在中国科学院近代物理研究所、原子能研究所从事原子核研究工作,为我国核理论研究做出了开创性贡献。

20世纪50年代初,世界局势紧张,各国在核武器领域展开了激烈竞争。核威胁的阴云笼罩着新生的中华人民共和国,中国迫切需要研发自己的核

课本链接:《语文》七年级下册第一课《邓稼先》

武器。于是在1958年8月,邓稼先服从组织安排,被调入正在筹建的核武器研制机构,担任理论部主任,领导核武器的理论设计。

接到任命后,邓稼先对妻子许鹿希说:"我的生命就献给未来的工作了,做好了这件事,我这一生就过得很有意义,就是为它死了也值得!"从此,他的人生与我国的核武器事业就紧紧地捆绑在了一起,直到生命尽头。从1958年到1986年的28年里,邓稼先隐姓埋名(隐瞒自己的真实姓名),扎入大漠戈壁,为我国核武器事业兢兢业业、呕心沥血,奉献了自己的一生。

> **知识链接**
>
> 戈壁:亦称"戈壁滩"或"戈壁荒漠"。指仅生长稀疏耐碱草类及灌木的沙碛砾漠。为地面几乎被粗沙、砾石所覆盖,植物稀少的荒漠地带。按成因可分为风化的砾质戈壁、水成的砾质戈壁和风成的砂质戈壁。

 蘑菇云在荒芜之地绽放

邓稼先带领团队,像勇敢的探险家一样,走进茫茫戈壁滩,踏上了艰苦卓绝的核研究征程。

大国封锁技术、自然环境恶劣、缺乏技术资料、设备简陋、生活条件艰苦、核辐射损害人体健康……困难如山,一重又一重,邓稼先带领的这支年轻队伍,没有丝毫退缩。

邓稼先和大家一起,白天挑砖抬瓦搞场地基建,晚上挑灯夜战学理论。从学习《超音速流和冲击波》《爆震原理》《中子输运理论》三本书开始,他们自力更生探索原子弹原理。

为了加快原子弹的研制进程,他们在一周实行六天工作制的当时,将一周七天排满了工作和学习。在研发过程中,他们使用手摇计算机、计算尺,

甚至是算盘等简陋的计算工具进行大量烦琐的计算，计算草稿纸被一札札地放入麻袋，从地板一直堆到天花板，直到堆满了整个房间。终于，他们经过艰苦繁复的计算和分析，完成了第一颗原子弹的理论设计方案。

作为核武器研制的主要负责人，在核研究的过程中，邓稼先从理论设计、加工组装、实验测试到定型生产等各个关键环节，深入第一线了解情况。他不仅带头钻进巷道去取样，甚至还跑到沙漠里寻找爆炸后的原子弹碎片。他不顾个人安危，遇到重大问题，更是身先士卒（作战时将领冲在士兵的前面；现也泛指领导带头走在群众前面）、奋不顾身地亲临现场指挥、处理。在1986年前我国进行的32次核试验中，他到现场指挥了15次。

终于，1964年10月16日，随着一声巨响，巨大的蘑菇云在我国西北荒漠腾空而起，中国第一颗原子弹爆炸成功！这声巨响同时也向全世界宣告：中国人民依靠自己的力量，独立自主掌握了原子弹技术，打破了超级大国的核垄断！

2年8个月后，中国第一颗氢弹也爆炸成功。

 "两弹元勋"的最后时刻

由于长期接触放射性物质,邓稼先的身体受到了严重的伤害。但他从未抱怨过,始终坚守在自己的岗位上。1986年3月,罹患直肠癌(晚期)的邓稼先身体已极度虚弱,在化疗期间,疼痛一直折磨着他,止疼针从开始的一天一次到最后的一个小时一次。即便如此,他依然心系我国核武器的发展,凭着自身的政治敏锐性和深厚的业务功底,对当时各国技术发展水平和国际局势做出研判,并以顽强的毅力强忍剧痛,在病榻上起草完成了《关于加快我国核试验进程》的建议报告。

在生命的最后时刻,他牵挂的依然是祖国的核事业,思考的仍然是如何在尖端武器方面努力突破。"不要让别人把我们落得太远",这是邓稼先在生命最后时刻的叮嘱。

作为中国第一颗原子弹和氢弹的理论方案设计者,邓稼先为中国的核事业甘当无名英雄28年,用大半辈子的默默无闻(没有名气,不被别人知道)和一生的无怨无悔为国铸盾。杨振宁是这样评价这位一生挚友的:"稼先为人忠诚纯正,是我最敬爱的挚友。他的无私的精神与巨大的贡献是你(指邓稼先的夫人许鹿希)的也是我的永恒的骄傲。"

> **知识链接**
>
> 杨振宁:物理学家,诺贝尔物理学奖获得者,中国科学院院士,清华大学高等研究院名誉院长、教授,香港中文大学博文讲座教授。

国之脊梁·民族脊梁

"鞠躬尽瘁，死而后已。"这句话准确描述了**邓稼先为中国核武器事业奋斗的一生、奉献的一生。**他的成就不仅为中国赢得了尊严和尊重，也为世界和平与稳定做出了重要贡献。他真正做到了自己经常讲的**"一不为名，二不为利，但工作目标要奔世界先进水平"**。他的高尚品格，他建立的卓越功勋，以及以身许国的言行合一，将永远激励着后来者为中国科学的进步和国家的繁荣而不懈奋斗。

亲爱的小读者，读完邓稼先的故事，你受到了哪些启示呢？快把你的感悟和家人、同学分享一下，并在下面写一写吧！

李四光：永不磨灭的"地质之光"

田野上、小河边、公园里，到处都有石头，大的，小的，尖的，圆的……各种各样。

在大人眼中平凡的石头，却常常会引发孩子的好奇心：它们是从哪里来的？又是怎样生成的呢？

李四光小时候就是这样的孩子！为了解开与石头相关的知识谜团，李四光刻苦学习，长大以后更是跑到国外学习地质学。

经过数年的研究学习，他终于揭开了儿时的谜团。之后，他发现了长江流域第四纪冰川活动的遗迹。这一研究成果震惊了全世界。

就这样，通过研究石头，**李四光**创建了地质力学，指导煤、石油、铀矿等地质勘查，为"**两弹**"的成功研制、**大庆油田**的发现做出了突出贡献。

国之脊梁·民族脊梁

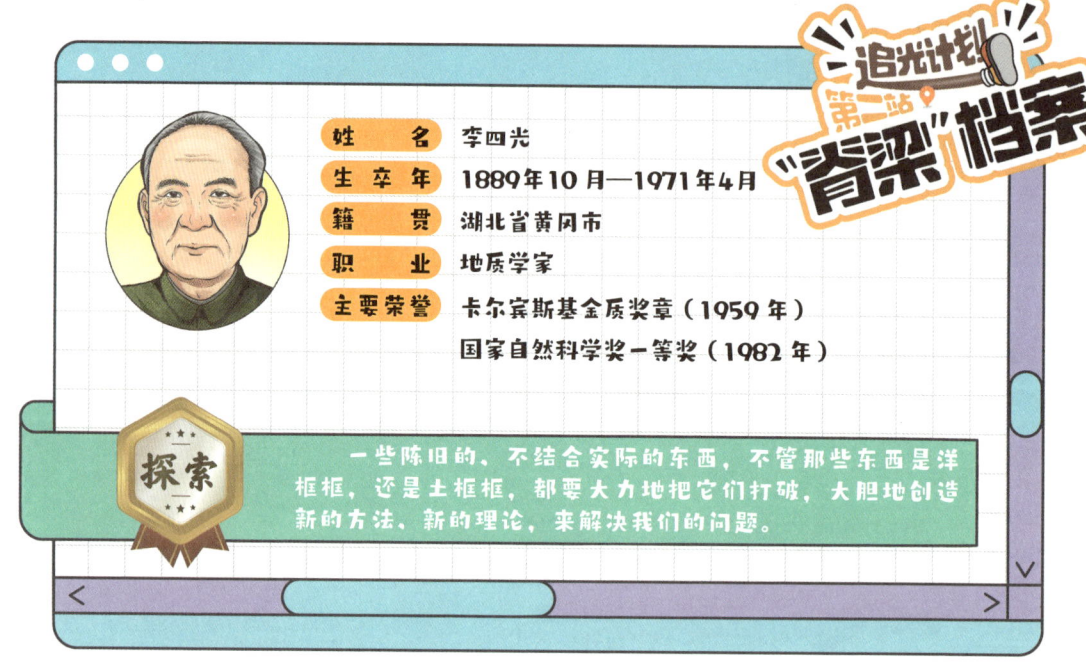

追光计划 第二站 "脊梁"档案

姓　名	李四光
生卒年	1889年10月—1971年4月
籍　贯	湖北省黄冈市
职　业	地质学家
主要荣誉	卡尔宾斯基金质奖章（1959年） 国家自然科学奖一等奖（1982年）

探索

一些陈旧的、不结合实际的东西，不管那些东西是洋框框，还是土框框，都要大力地把它们打破，大胆地创造新的方法、新的理论，来解决我们的问题。

追光计划 第二站 "脊梁故事"

 奇怪的大石头

小时候，李四光和小伙伴玩捉迷藏游戏时，总喜欢躲在一块大石头的后面。这块大石头的年纪很大，在李四光出生前就孤零零地立在草地上了。它的个头很大，能把李四光的身体遮得严严实实的。

这么大的一块石头，是从哪儿来的呢？带着这个疑问，李四光去问了身边所有的人，可没有一个人知道答案。

为了解开心中的谜团，李四光刻苦学习。长大后，求知欲更是推着他越走越远——他

014

到英国留学时，学习了地质知识。求学期间，他不光求知若渴、废寝忘食(形容勤奋努力、专心致志，连睡觉、吃饭都顾不上了)地从书本中汲取知识，还总是将理论知识与实际的地质考察相结合。

回国后，他跋山涉水，开始对中国的冰川活动进行考察研究，勘探足迹遍布祖国的大江南北。

在太行山进行地质考察时，他第一次发现了中国第四纪冰川的遗迹。这也让他意识到：冰川可以推动巨大的石头旅行几百甚至上千里，而故乡的那块大石头正是被冰川从遥远的秦岭推到那里去的。一个困扰了他20多年的谜团，终于被解开，这让他十分欣喜。

之后，经过进一步考察，李四光在长江流域发现了大量的第四纪冰川活动的遗迹。他的这一研究成果，震惊了全世界。他也基于这一突破性成果，开创性地提出了地质力学理论，创建了中国地质力学学科。

地质力学：地质学中运用力学原理研究地壳构造以探索地壳运动规律的一门分支学科。它是在鉴定地质构造形迹的力学性质的基础上，将有成生联系的构造形迹组合成一定的构造体系和构造型式，并进而推断其应力场，研究它们发生和发展的规律等问题。

石油勘探的领路人

如果将地球比作一个实心大皮球，那么，我们的眼睛所能看到的，就只是"皮球"的表面。那"皮球"之下，也就是地球更深层的地方，究竟长什么样？又存在着哪些物质呢？怀揣着这样的疑问，李四光继续探索，细致勘探地质构造。

当时，外国不少学者几乎一致认定：中国产不出石油。因为在他们的

国之脊梁·民族脊梁

认知中，只有在海相地层才能开采出有价值的工业石油，而我国境内多是陆相地层，是缺乏开采工业石油的环境的。石油是工业发展的命脉，开采不出石油，就意味着要一直依赖进口，这对我国的长远发展是非常不利的。

对于外国学者的这一定论，李四光一直持反对态度。他根据自己数十年对地质力学的研究，分析了中国的地质条件，指出我国松辽平原、华北平原等辽阔的领域内，很可能蕴藏着丰富的石油资源。他提出，应当在全国范围内开展石油地质普查工作，不是找一个，而是要找出几个面积广、希望大的可能含油区。这在后来成为部署全国油气资源普查勘探的理论基础。

1955年，石油普查勘探工作拉开序幕。李四光亲自带领勘探队奔赴全国各地，并对每一地区的石油普查工作都进行了许多具体的指导。在李四光和众多科研工作者及广大人民群众的共同努力下，终于在1959年9月26日，东北的松辽盆地钻井中喷射出了一股黑色的油流，至此，中国境内乃至世界罕见的大庆油田诞生了。

> **知识链接**
>
> 大庆油田：位于黑龙江省松嫩平原中部的大庆市，面积6 000多平方千米。1960年开发投产。是中国第一大油田，也是世界特大油田之一。年产原油4 000万吨以上。所产为石蜡基原油。建有大型炼油厂、石油化工厂和化肥厂。

大庆油田的发现，实现了中国石油的自给自足（依靠自己的生产和经营，满足自己的需要）。当时的人们曾说过这样一句话："把'中国贫油'的帽子甩到太平洋！"

发现大庆油田之后，李四光又指挥勘探队南下，相继发现了胜利油田、大港油田等多个大油田。

地震预测的先驱

李四光不仅在地质力学、石油开采等方面建立了不可磨灭的功勋，还开创了活动构造研究与地应力观测相结合的地震预报新途径。

在生命最后的几年时间里，李四光倾注巨大心力于地震预测与预报研究工作。他认为地震是一种地质现象，大多是由地质构造运动引起的。基于此，他坚信深入探究、持续观测并分析构造应力场的动态变化，对把握地震趋势、提升预测准确性是十分重要的。

1966年邢台地震之后，李四光凭借敏锐的科学直觉与过硬的专业知识，对河间、渤海湾及唐山等地区潜在的地震风险提出了具有前瞻性的预测、见解。遗憾的是，他还没有来得及深入总结这项工作，就与世长辞了，留下了未竟的科学遗志。

李四光就像故乡那块被冰川推动着走了上千里路的大石头一样，被求知欲推着，一路探索：从破解儿时的疑惑，到实现对中国第四纪冰川研究的重大突破，再到创立地质力学，最终取得地质勘探与开发的伟大进展。李四光用行动证明：只要心怀梦想，勇于探索，即使前路漫漫，也能像那被冰川推动的大石头一般，穿越重重困难，最终抵达成功的彼岸。

国之脊梁·民族脊梁

李四光，这位伟大的地质学家，终其一生，都怀着无限的热情与坚定的信念，致力于**破译地质世界的神奇密码，探索科学真理那浩瀚无垠的疆域。**他对未知领域的不懈探索，就像在攀登一座座巍峨壮丽的高山，一步一步，**脚踏实地**，坚韧不拔，不断超越那一座又一座看似高不可攀的险峰。他用一生向我们诠释：什么是真正的探索精神。

亲爱的小读者，李四光的探索精神对你有什么启发呢？在日常生活中，你能否找到一些可以体现探索精神的事情或经历呢？请把你的答案写在下面吧。

国之脊梁·民族脊梁

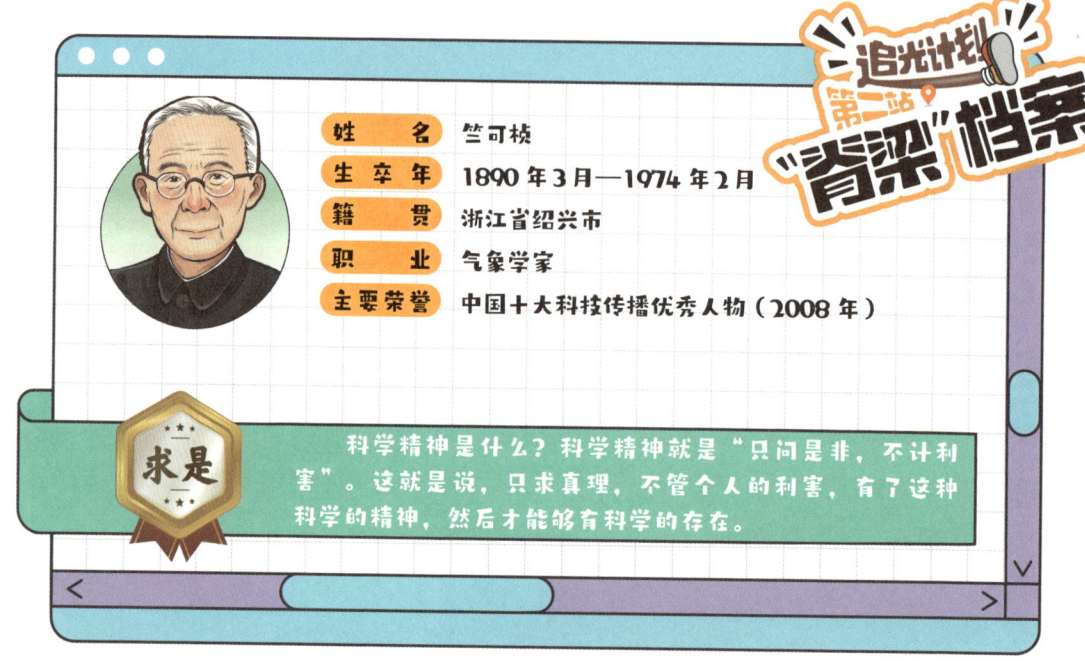

追光计划 第二站 "脊梁"档案

姓 名	竺可桢
生卒年	1890年3月—1974年2月
籍 贯	浙江省绍兴市
职 业	气象学家
主要荣誉	中国十大科技传播优秀人物（2008年）

求是

科学精神是什么？科学精神就是"只问是非，不计利害"。这就是说，只求真理，不管个人的利害，有了这种科学的精神，然后才能够有科学的存在。

追光计划 第三站 "脊梁"故事

 **异国八年为求学**

1890年3月7日，竺可桢出生在绍兴一个有文化的米商之家。米商之家自然与农民交往密切，他从小耳濡目染（因耳朵经常听到，眼睛经常看到，而不知不觉受到影响），深知农民"靠天吃饭"的艰辛与不易。农业生产的好与坏，完全由气象、气候条件来决定。

20岁那年，竺可桢作为第二批庚款官派留学生，远赴美国读书。怀抱着让国人吃饱饭的梦想，竺可桢毫不犹豫地选择了农学专业。然而，竺可桢发现美国的农业科学并不适合中国的国情，于是在毕业后

知识链接

庚款官派留学：在清驻美公使梁诚与美国多年的反复交涉后，美国国会于1908年正式通过法案，决定将多收的部分庚子赔款退还给中国，用于资助优秀学生赴美留学，并从1909年1月开始实施。

选择转入哈佛大学，潜心研读与农业紧密相关的气象学。

在异国读书期间，竺可桢养成了两个习惯：

一是写气象日记，记下当天的温度、风向等与气象研究有关的信息。这个习惯从此伴随他到老。

二是去图书馆查资料，做中国的气候研究。

随着研究的深入，竺可桢越发感到震惊：1918年，在美国拥有200多座气候监测所时，中国仅有2座，且全由外国人掌控。也就是说，中国的天气预报只能由外国人发布，中国的风暴预报和雨量数据均来自其他国家。气象学不仅关乎人民的日常生活，更与战争紧密相连。当时，日本正紧锣密鼓（形容锣鼓点敲得很紧很密。比喻事前的紧张准备）地研究中国的气象与地理，为侵华战争做准备。面对这一严峻形势，竺可桢深刻意识到：中国必须自力更生（依靠自己的力量办好事情），拿回自己的气象主权！

1918年，竺可桢获得哈佛大学气象学博士学位，随即便怀着一腔报国热血，回到了阔别8年的祖国。他希望用所学知识填补中国气象科学的空白，发展我们国家自己的气象学。

为中国气象事业奠基

回国后的竺可桢,在大学讲授地理学和天文气象学等课程,主持创建了中国第一个地学系,亲自讲授气象学、世界气候等四门课程。他所编写的《地学通论》和《气象学》讲义,成为中国地理学和气象学的奠基教材。

> **知识链接**
> 气象学:研究大气现象的学科。随着研究领域的扩大,在20世纪60年代发展为大气科学。

1928年,竺可桢应当时中央研究院院长蔡元培邀请,前往南京北极阁,肩负起筹建气象研究所的重任。在竺可桢的不懈努力下,北极阁气象台迅速建成并投入使用。

1930年元旦,中央气象研究所正式绘制东亚天气图,并开始发布天气预报和台风警报。自此,中国的气象事业终于由中国人主导了!

此后,竺可桢带领团队走遍全国各地,成功建立了数十个气象站。他们一步步构建起覆盖全国的气象台站网络,气象台站网络不仅覆盖了地面气象观测,还扩展至高空气象探测。竺可桢带领团队将中国气象主权从外国人手里夺回,为中国气象事业的发展奠定了基础。

躬行万里考察国情

自1936年起,竺可桢连续13年担任浙江大学校长,他以"求是"为校训,将浙江大学建设成为闻名遐迩的"东方剑桥"。竺可桢说,"所谓求是,不仅限为埋头读书或是实验室做实验",而要有"杀身成仁""舍生取义"的精神,要有刻苦耐劳、富于牺牲的精神,"凭自己之良心,甘冒不韪",以使"真理卒以大明"。

"求是"不仅是当时浙江大学的校训,更是竺可桢一生的精神信仰,这股精神支撑着竺可桢,在人生的每个阶段都不畏艰险、全力以赴。

中华人民共和国成立后,竺可桢被任命为中国科学院副院长,继续为自然科学发展贡献自己的力量。他曾多次组织考察队,并带队考察。从北到南,从东到西,他考察的足迹遍布神州大地。尽管野外考察充满未知与危险,可是他从未退缩,始终秉持"求是"精神,勇往直前,无惧艰辛。

每次到野外考察,他都会随身携带温度计、罗盘、照相机、高度计,边考察边记录地区、海拔、温度、植物等信息。

每一次考察归来,他都会向国家提交考察报告。这些高质量的考察报告能够帮助人们了解新中国各地的气候、环境、自然资源等情况,为资源、环境和区域协调可持续发展,为新中国经济建设提供了可靠的科学依据。

1974年2月6日,竺可桢在日记本上留下了一生中最后一篇日记:"局报晴转多云,最低-7℃,最高-1℃,东风1~2级。"这已是他生命的倒数第二天。即便身体的病痛已令他难以支撑,但他对气象和数据的记录,已然成为深入骨髓的习惯,自然而然地流淌于笔尖。

第二天,竺可桢与世长辞,他的生命定格在84岁。从在异国读书开始,竺可桢真的写了一辈子自然观察日记,一天都没落下。

国之脊梁·民族脊梁

竺可桢爷爷,这位集地理学家、气象学家和教育家于一身的杰出人物,**以科学为笔,以教育为墨,书写了不朽的人生篇章。** 如今虽然他已经离开了我们,但他的"求是"精神,却如同璀璨星辰,永恒地闪耀在历史的夜空中,为后人指引着前行的方向。让我们铭记竺可桢爷爷的教诲,**以"求是"精神为指引,不断前行**,为人类的进步与发展贡献自己的力量。

亲爱的小读者,当你沉浸在竺可桢爷爷的故事中时,是否被他的精神所打动?你的梦想是什么呢?你为梦想做过哪些努力呢?请和我们分享一下吧。

国之脊梁·民族脊梁

梦想的种子萌芽

在茅以昇小的时候，有一年端午节，秦淮河举行龙舟比赛，众人挨挨挤挤，都站在秦淮河的文德桥上观看赛龙舟。木桥年久失修，不堪重负，轰然倒塌，有不少人遇难。

生病在家休养的茅以昇躲过了一劫，但这件事深深地刺激了他。他暗下决心：长大了一定要造座结实的桥！

从此，茅以昇成了不折不扣（指商品按原价出售，不打折扣。表示完全没有减少或走样）的"小桥迷"：只要看到桥，不管是石桥还是木桥，他都要看个够、研究明白。茅以昇看到有关桥的文章、段落，就抄在本子上，遇到有关桥的图画就剪贴起来。久而久之，他积攒了厚厚的几本关于桥梁的资料。

课本链接：《语文》八年级上册第十八课《中国石拱桥》

茅以昇 一生学桥、造桥、写桥

1916年，茅以昇以第一名的成绩考进美国康奈尔大学，攻读桥梁专业。仅用一年时间，他就获得了硕士学位。之后，他一边攻读博士学位，一边在桥梁公司实习。对茅以昇而言，儿时的梦想绝非"玩笑"，始终深藏心中，他深知，只有通过努力奋斗才能实现。

1919年，茅以昇以30万字的论文《桥梁桁（héng）架的次应力》获得工学博士学位。在论文中，他创造性地提出了一系列新力学理论，在美国土木工程界引起了强烈反响，该文的科学创见被称为"茅氏定律"。

造"不可能"的桥

1933年春，接到建造钱塘江大桥的邀请时，茅以昇已是北洋大学的教授，主讲结构力学、桥梁设计等课程。严谨的治学态度、深厚的学术功底，以及"学生考老师"这一别开生面的教学方式，使他深受学生们的爱戴。

继续教书，前途无疑一片光明；前去造桥，则要面临前所未有的挑战，一旦失败，很可能身败名裂（地位丧失，名誉扫地）。但茅以昇毅然选择了后者，因为在他心里，为国造桥不仅是他施展人生抱负的良机，更是一个桥梁学者义不容辞的责任。因为在此之前，外国人垄断了中国的筑路权，中国仅有的几座现代化大桥全由外国人一手包办，但他们只顾赚钱，避难就易，铁路修到长江边，都不建造跨江大桥。

钱塘江将浙江分成西北、东南两部分，浙江要想发展，必须建桥贯通两岸。可这哪有那么容易呢？杭州有一句流行的歇后语，叫"钱塘江造桥——办不到"，以此来说明在钱塘江上建桥是一件不可能成功的事。但有着多年海外求学经历的茅以昇坚信，中国人有能力也有水平设计建造自己的现代化大桥。

他当机立断（抓住时机立即做出决断），辞去北洋大学教职，全身心投入大桥的建设中。但他紧接着就迎来了第一道难关：建桥需要大量资金，而当地银行家对由中国人主持设计建桥忧虑颇多，纷纷找借口拒绝出资。迫于各方压力，当局要求茅以昇与铁道部顾问——美国知名桥梁专家各出一套桥梁设计方案。

多年的刻苦求学与对桥梁的热爱，让茅以昇在这时展现出了非凡的专业水平。他巧妙地将大桥设计为人行道、公路、铁路三合一的双层联合型结构。这一方案不仅满足了多种交通需求，而且在造价与实用性上均优于对方的设计。最终，这份由中国人自己设计的方案被采纳了。

经过无数个日夜的艰苦奋战，攻克无数个技术难题后，钱塘江大桥——一座宏伟的双层式公路、铁路两用大桥，于1937年9月26日建成并通车。它是中国人自主设计和施工建造的首座现代化钢铁大桥，更是中国桥梁建筑史上的一座里程碑。茅以昇也因设计、领导建造钱塘江大桥而闻名于世。

> **知识链接**
>
> 武汉长江大桥：位于湖北武汉汉阳龟山与武昌蛇山之间，是中国第一座跨越长江的大桥。1955年动工，1957年建成。正桥为铁路、公路两用的双层钢桁梁桥。上层为公路桥，车行道宽18米，两侧人行道各宽2.25米；下层为双线铁路桥。正桥由三联九孔跨径各为128米的连续梁组成，共长1156米，连同两端公路引桥总长1670米。

中华人民共和国成立后，茅以昇又受命主持修建了我国第一座跨越长江的大桥——武汉长江大桥。这座被誉为"万里长江第一桥"的大桥，同样凝聚着他的智慧与心血。

造知识之桥

茅以昇的一生与桥梁结下了不解之缘，从学习桥梁知识、亲手建造桥梁，到以文字描绘桥梁之美，他都倾注了满腔热情。作为中国近代桥梁工程的奠基人，他不仅以工程成就闻名于世，他对桥梁的深厚情感和文字表达还触动了无数人的心灵。

他笔耕不辍，写下众多优秀的科普随笔，出版了《钱塘江桥》《武汉长江大桥》《中国古桥与新桥》等多部著作，为后人留下了宝贵的文化财富。

在《桥话》一文中，茅以昇深情地写道："人的一生，不知要走过多少桥，在桥上跨过多少山与水，欣赏过多少桥的山光水色，领略过多少桥的诗情画意。无论在政治、经济、科学、文艺等各方面，都可以看到各式各样的桥梁作用。"

他不懈奋斗，不仅在"不可能"的自然条件下筑起一座又一座大桥，还在科学与人民之间架设起一座座知识之桥，而这一座座桥梁，也助他到达了梦想的彼岸。

茅以昇，这位伟大的桥梁专家、教育家，跨越近一个世纪的时光，**不畏艰难，不懈奋斗**，将智慧与汗水倾注于桥梁建设之中，让一座座雄伟的桥梁矗立在江河之上，是中国乃至世界的骄傲。从过河不便的困境到现代桥梁的辉煌成就，茅以昇**通过不断创新与实践，为中国社会构建了连接交通、促进发展的重要纽带**。这些桥梁，历经风雨而屹立不倒，不仅见证了中国工程技术的飞跃发展，更承载着无数人的希望与梦想，成为推动社会发展与进步的重要力量。

亲爱的小读者，当你深入了解茅以昇的故事后，是否领悟到了他成功的真谛？你又从中学到了哪些宝贵的精神？不妨将你的感悟与大家一同分享，在下面留下你的心得吧！

国之脊梁 · 民族脊梁

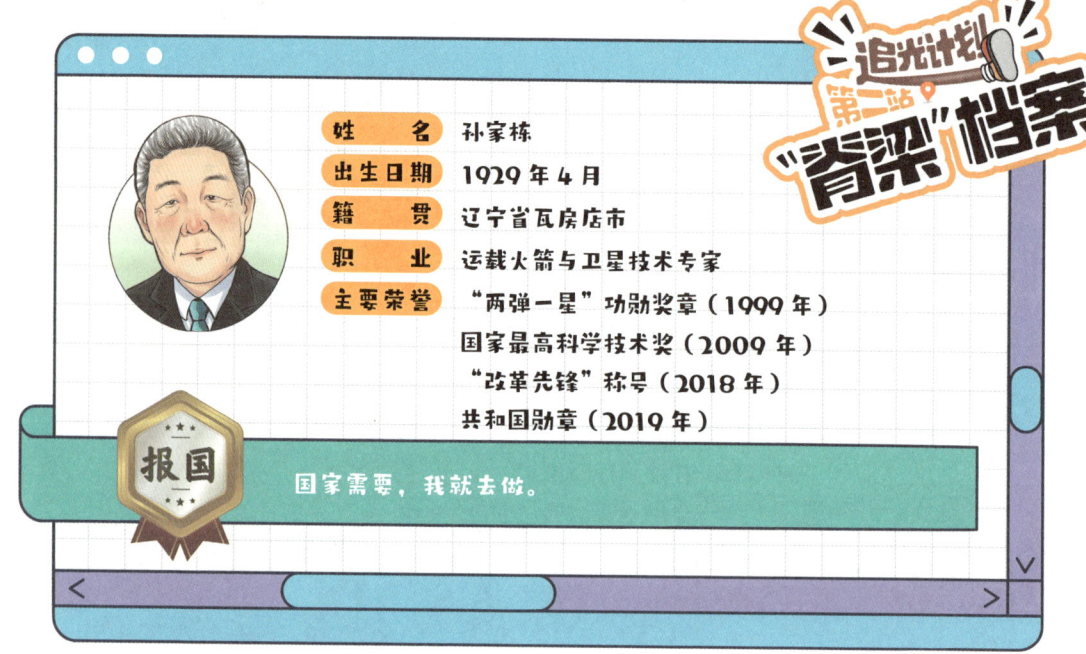

姓　　名	孙家栋
出生日期	1929年4月
籍　　贯	辽宁省瓦房店市
职　　业	运载火箭与卫星技术专家
主要荣誉	"两弹一星"功勋奖章（1999年） 国家最高科学技术奖（2009年） "改革先锋"称号（2018年） 共和国勋章（2019年）

国家需要，我就去做。

梦想的种子萌芽

站在人生的岔路口时，孙家栋每一次都选择与"国家需要"同行。原本是哈尔滨工业大学汽车专业学生的他，因为国家需要应召入伍，并被派往苏联学习飞机制造。

在苏联深造多年后，孙家栋带着"斯大林金质奖章"归国，本以为要将余生奉献给航空事业，却再次因为国家需要，转身投入导弹研究事业中。当时，我国正在筹建导弹研制队伍，聂荣臻元帅负责中国导弹研制计划，孙家栋被抽调到新成立的国防部第五研究院，与恩师钱学森并肩作战。

时间来到1967年，一纸调令再次改变了孙家栋的人生轨迹：为推进中国首颗人造地球卫星的研制，中央决定成立中国空间技术研究院，钱学森亲自举荐孙家栋担任卫星总体设计负责人。

就这样，因为国家需要，孙家栋又一次跨越未知，以无畏的勇气接过了这一重任。面对从未涉足的领域，孙家栋忐忑过，也迟疑过，可国家的需要与信任如同号角，激励着他义无反顾（为合乎道义的事情而勇往直前，决不回头）地踏上了新的征途，成为中国首颗人造卫星——"东方红一号"的技术总负责人。

> **知识链接**
>
> 人造卫星：简称"卫星"。用火箭发射到天空，按一定轨道绕地球或其他行星运行的人造天体。分应用卫星、科学卫星和技术试验卫星三类。其构成因用途而异，一般由有效载荷和卫星平台两部分组成。

航天高光时刻

那时，苏联、美国、法国已相继将人造卫星送入太空，日本也在加快研制的步伐，孙家栋身上的压力可想而知。不过，他很快便展现出了非凡的战略洞察力。

到任后，孙家栋根据专业和技术要求，从不同单位精心挑选了18名精英，这支队伍后来被誉为中国卫星发展史上的"十八勇士"。

之后，孙家栋大胆革新，根据实际情况，对原来的卫星方案进行简化，将其核心任务概括为简单明确的12个字："上得去、抓得住、听得到、看得见。"他顶着巨大压力，成功说服资深专家，暂时搁置卫星的复杂探测功能，先用最短的时间实现卫星上天，后续再发射带有探测功能的应用卫星。

从卫星的设计、制造到发射，每一个环节孙家栋都亲自参与，严格把关。在发射前的紧张筹备阶段，为了确保每一个细节都万无一失（形容有绝对把握，绝对不出差错），他几乎每天都工作到深夜。

历经3年的不懈努力，1970年4月24日，当卫星成功升空的那一刻，整个中国沸腾了,《东方红》乐曲从太空传来,响彻全球,向世界宣告中国航天时代的到来。在这高光时刻,孙家栋更是热泪盈眶,他深知这是一颗卫星的成功,更是中国航天事业发展的一个重要转折点。

 造一辈子"中国星"

此后,孙家栋的名字与中国航天事业紧密相连,他从事航天工作60年,主持研制了45颗卫星。在中国自主研制发射的100个航天飞行器中,由孙家栋担任技术负责人、总设计师或总工程师的占总数的三分之一。

2004年,已75岁高龄的孙家栋再次挂帅出征,担任中国探月工程总设计师。面对这一充满挑战的任务,他毫不畏惧,以"国家需要,我就去做"的坚定信念,带领团队取得了举世瞩目的成就。2007年11月5日,中国第一颗绕月人造卫星——"嫦娥一号"成功绕月飞行。这一消息传到指挥中心时,所有人都在欢呼。孙家栋却悄悄转过身,掏出手帕,擦去了脸上的泪水。这泪水是成功后的喜悦,更是对航天事业深沉的爱。

孙家栋曾说:"我这一生与星星结下了不解之缘,我最大的心愿就是造一辈子'中国星'。"他说到了,也做到了。他用毕生的心血和汗水,用全部的智慧和才华,为祖国造了一颗又一颗"星星"。

知识链接

气象卫星:专门用作气象观测的人造地球卫星。按其轨道,有地球静止气象卫星和极轨气象卫星两种。卫星上载有可见光、红外、微波等各种遥感仪器。探测结果用无线电波传送至气象卫星地面站,经处理后可获得云系分布概貌和大气层中某些气象要素的分布和变化的信息。

新华社是这样评价孙家栋的:"他被称为中国航天的'大总师',从'东方红一号'到'嫦娥一号',从'风云气象卫星'到'北斗导航卫星',背后都有他主持负责的身影;翻开他的人生履历,就如同阅读一部新中国航天事业的发展史。"

如今,已经年近期颐的孙家栋,仍然在为祖国的航天事业贡献着自己的力量。孙家栋,这位为祖国造"星星"的人,他的名字将像那颗被永久命名为"孙家栋星"的小行星一样,永远闪耀在我们心中。

国之脊梁 · 民族脊梁

孙家栋，这位中国航天领域的杰出领袖，一生践行"国家需要，我就去做"的誓言。从青年时代起，他便**将个人命运与国家发展紧密相连，投身于祖国的航天事业，始终坚守初心，勇往直前**。在他的带领下，中国卫星一颗颗成功发射，闪耀天际。他不仅推动了国内科技的进步，更为全球科技发展提供了宝贵的技术与支持。

亲爱的小读者，读完孙家栋爷爷的故事后，你是否感受到了他对国家的忠诚，对航天事业的热爱，以及身为一名科学家的担当与奉献？你从中汲取了哪些成长的力量呢？想一想，并把你的感悟写在下面吧。

国之脊梁·民族脊梁

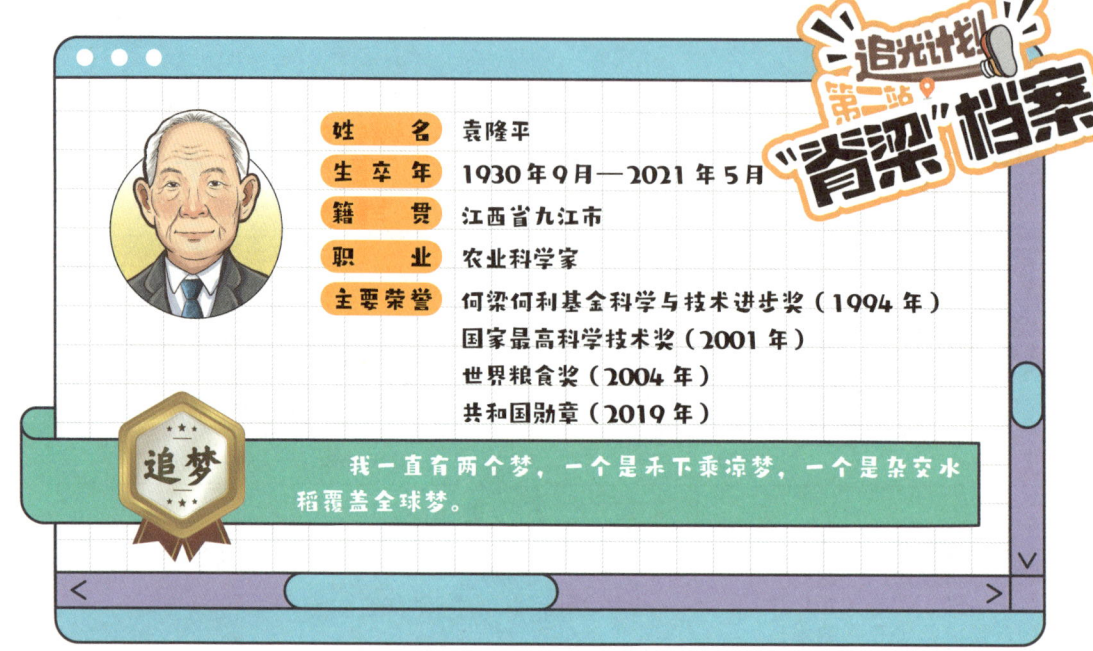

"脊梁"档案

- 姓　　名：袁隆平
- 生 卒 年：1930年9月—2021年5月
- 籍　　贯：江西省九江市
- 职　　业：农业科学家
- 主要荣誉：何梁何利基金科学与技术进步奖（1994年）
  国家最高科学技术奖（2001年）
  世界粮食奖（2004年）
  共和国勋章（2019年）

追梦：我一直有两个梦，一个是禾下乘凉梦，一个是杂交水稻覆盖全球梦。

"脊梁"故事

 **一株神奇水稻引发思考**

从西南农学院遗传育种专业毕业后，袁隆平被分配到湖南省安江农业学校教书。

正值三年困难时期，人们的生活异常艰难。很多人陷入了粮食短缺、营养不良等多重困境，身在学校的袁隆平也不能幸免。

这段艰难的岁月在袁隆平心中刻下了深深的烙印，他暗暗下定决心：一定要培育出优质种子，提高粮食产量，让中国人都能吃饱饭！因此，在教书之余，他总在农校试验田徘徊，思索如何培育出高产的粮食种子。

1961年的一个夏日，在农校实习农场的试验田中，袁隆平发现了一株与众不同的特异稻株。这株水稻"鹤立鸡群(像鹤站立在鸡群之中。比喻超出一般，与众不同）",长得特别好,穗子大、籽粒饱满。等这株稻成熟之后,满怀欣喜的袁隆平小心翼翼地收下了种子。经过仔细研究,袁隆平确认这是一株天然杂交稻,并由此受到启发,开始研究杂交水稻。

当时的学术界早有"定论":水稻是一种自花授粉的农作物,通过人工进行杂交来培育高产水稻几乎是不可能的。

> **知识链接**
>
> 雄性不育:动植物雄性细胞或生殖器官丧失生理机能的现象。在雌雄同株植物中,雄蕊发育不正常,不能产生有功能的花粉,但雌蕊发育正常,能接受正常花粉而受精结实,并能将雄性不育性遗传给后代的植物品系。

面对纷至沓来的非议与质疑,袁隆平没有丝毫的动摇,全身心地投入到自己的研究之中。从此,只要是水稻生长的季节,总能在田间看到袁隆平的身影。他顶着烈日,拿着放大镜,仔细筛查稻穗,期望找到天然雄性不育株。

距离梦想越来越近

在广阔的稻田中寻找一株水稻,无异于大海捞针(比喻很难办到或无从寻觅。含有枉费力气之意),其中的艰辛与挑战不言而喻,但因为对梦想的执着与热爱,袁隆平从未想过放弃。

1964年,袁隆平终于发现了第一株天然雄性不育株。这意味着他向着梦想迈出了关键一步。

随后,袁隆平和团队历时两年,前前后后检查了数万株稻穗,终于找到了6株雄性不育株。为了这6株来之不易的宝贝,他毅然拿出自己的工资进行培育实验。经过不断的观察和杂交实验，袁隆平确定水稻存在杂交优势，并认定这是提高水稻产量的重要途径。

其后数年，他日复一日的付出并未换来突破性进展，反而遭遇了很多意想不到的挫折。袁隆平从未灰心丧气过，总是乐观地期待着明天。

1970年，袁隆平团队在海南发现了一株花粉败育野生稻，终于打开了杂交水稻研究的突破口。袁隆平给这株野生稻取名为"野败"。为了保证"野败"的种子发芽、成活，他用"最好的育种室"——耳蜗培育稻种。

野生稻：自然分布于热带、亚热带的多年生或一年生禾本科稻属植物。中国发现3种，即普通野生稻、药用野生稻和疣粒野生稻。

"野败"经杂交培育出了第一代杂交水稻种子。虽然秋收时稻谷没有增产，只有稻草比平时多了近七成，但袁隆平反而如释重负，因为这一情况说明他们的研究方向是对的。只要吸取经验，继续潜心研究，就能看到曙光。

"禾下乘凉"不再是梦

这之后，袁隆平带领科研团队，继续年复一年地在田间地头试验。经过无数次的失败和尝试，他们终于在1974年成功培育出了世界上第一个实用高产杂交水稻品种——"南优2号"。这一成果让水稻亩产突破了500千克，震惊了世界。

之后，杂交水稻年年迭代升级，亩产持续增加，从1976年到2018年，杂交水稻在全国累计推广面积约85亿亩，增产稻谷8.5亿吨，为中国人捧稳自己的饭碗做出了突出贡献。

杂交水稻的成功并没有让袁隆平停下脚步。作为杂交水稻领域的"领头雁"，他步履不停，深耕细作，不断优化杂交水稻的品种和种植技术，更是在 80 多岁高龄，攻克了盐碱地种植水稻的难题。

袁隆平说："我一直有两个梦，一个是禾下乘凉梦，一个是杂交水稻覆盖全球梦。"

"禾下乘凉梦"在一步步实现的同时，他又满怀激情地踏上了新征程。他跨越国界，无私地向世界各地推广杂交水稻技术，帮助其他国家和地区解决粮食短缺的问题。在他的努力下，杂交水稻技术已经覆盖了全球多个国家和地区，解决了世界上数十亿人口的粮食问题。而他也被国际同行誉为"杂交水稻之父"。

2004 年，袁隆平被授予"世界粮食奖"，这是对他为解决全球粮食问题所做贡献的最高肯定。

2021 年 5 月，袁隆平院士在长沙逝世，享年 91 岁。直到 2021 年年初，他还坚持在水稻繁育基地开展科研工作。他几十年如一日地躬耕于稻田，将一生都奉献给了杂交水稻事业。如今，世间再寻不到他的身影，可他的身影又无处不在：在世界各地的稻花香里，在天上的"袁隆平星"上，也在千千万万中国人的心中。

国之脊梁·民族脊梁

袁隆平,这位伟大的农业科学家,用一粒种子改变了世界,用两个梦想——"禾下乘凉梦"和"杂交水稻覆盖全球梦"造福了全球。**他一生都在为"两个梦想"奋斗,并努力使它们成为现实,是当之无愧的"杂交水稻之父"。他的坚持和奉献,不仅解决**了亿万人的温饱问题,给世界带来了福音,还深深地激励着我们每一个人,让我们明白:只有不断努力,才能创造更加美好的未来。

亲爱的小读者,读完袁隆平爷爷的故事后,你是否也感受到了他对梦想的坚持和对人类的关怀呢?你的梦想是什么?为了实现梦想,你觉得现阶段的自己应该做些什么呢?请写在下面吧!

王振义：大医精诚写大爱

扫码听音频

追光计划 第一站·漫画"脊梁"

每个人生病时，都会幻想着能有超级英雄从天而降，或者突然找到能治愈病痛的神药。

20世纪80年代之前，**急性早幼粒细胞白血病**被称为最凶险的白血病，这一疾病的患者生存率极低。

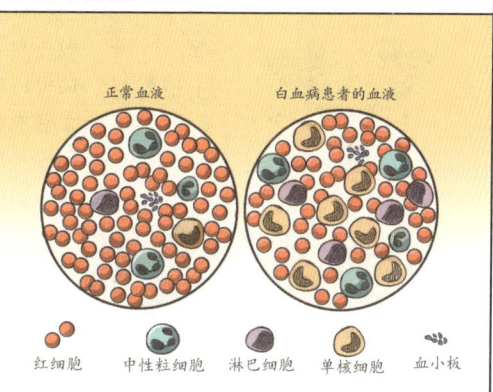

正常血液　　白血病患者的血液

红细胞　中性粒细胞　淋巴细胞　单核细胞　血小板

王振义就是一位"超级英雄"，他始终站在血液病研究的最前线，用智慧和毅力，不断钻研、学习，最终找到了攻克这一疾病的"金钥匙"。

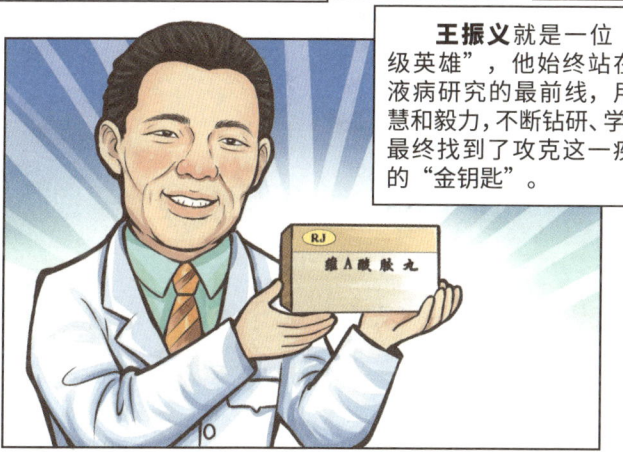

10%　> 92%

五年生存率

这一伟大成就，使这一疾病的患者五年生存率提高到92%以上，让急性早幼粒细胞白血病可基本治愈。

大医写大爱，为了让全世界患者都能得到治疗，他果断地选择**放弃专利**，将它贡献给了全人类。

国之脊梁·民族脊梁

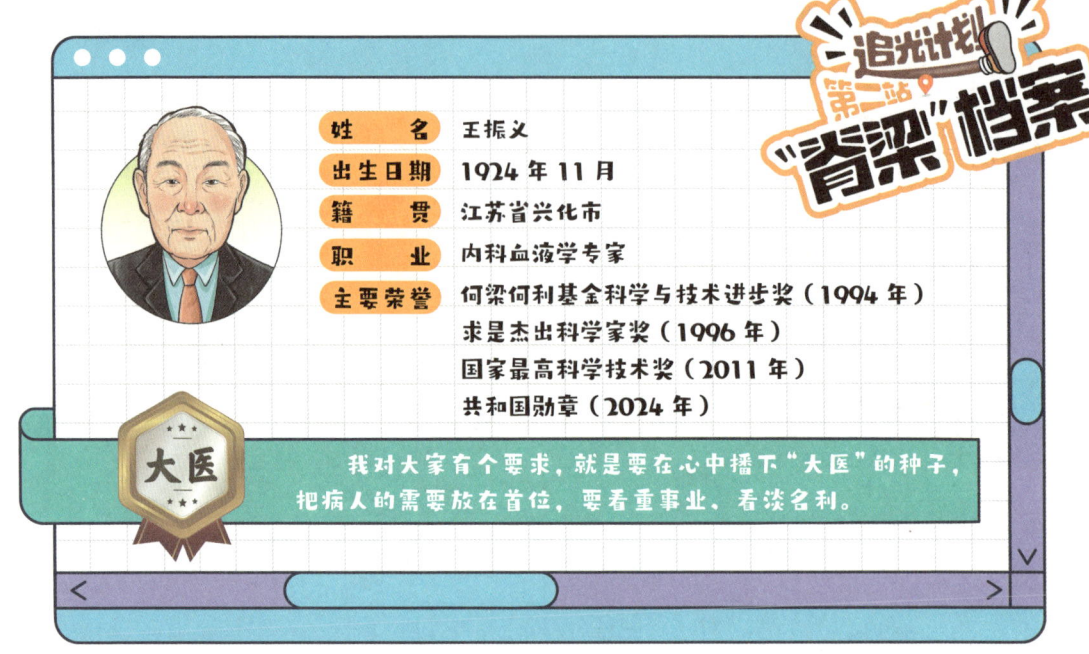

 向血液疾病"亮剑"

王振义出生于上海,从震旦大学医学院拿到医学博士学位后被分派到广慈医院(现上海交通大学医学院附属瑞金医院)工作,自此开始与血液疾病打交道。

1953年,王振义报名参加了抗美援朝志愿医疗队,并在一后方医院发现有60多名志愿军战士集体出现咯血、头痛等症状。有医生初步诊断是结核性脑膜炎,王振义却提出了不同意见。

凭借敏锐的洞察力和丰富的医学知识,王振义指出:结核性脑膜炎不是传染病,不会导致60多人同时患病,所以这有可能是一种肺吸虫病。其他医生将信将疑(有些相信又有些怀疑)地把战士咯出的血液放到显微镜下观察,果不其然(果然如此。指事实跟预料的一样,多用来强调不出所料),里面真的有虫卵。找到病因后,他们顺利治好了战士们,王振义还因此被授予中国人民解放军二等功一次。这次经历让他体验到了治病救人的成就感,也坚定了他攻克血液疾病的决心。

重返上海工作岗位后,王振义发现有些病人在经历拔牙等小手术后会血流不止,常规的止血疗法完全不起作用。他查阅大量文献,发现这种病在英国有过报道,诊断这种病需要用到一种新型材料——硅胶。

当时国内并没有硅胶,而王振义经过无数次实验,成功找到了替代品——石蜡。同时,他还找到了这种病的治疗方法。1956—1959年,他发表了一系列重要论文,建立了我国血友病的诊断体系。

知识链接

石蜡:高级烷烃的混合物,是一种石油加工产品。无臭无味,白色或淡黄色固体。由天然石油和人造石油的含蜡馏分经冷榨或溶剂脱蜡等方法制成。用于制作脂肪酸、高级醇、火柴、蜡烛、防水剂、软膏、电绝缘材料等。

让癌细胞"改邪归正"

1959年,王振义向当时医疗史上待解的难题——急性早幼粒细胞白血病发起进攻,然而由于对病因了解不够,他没能取得有效进展,只得暂时搁置。

20世纪70年代末,王振义开始进行白血病细胞的诱导分化研究,摸索用维甲酸进行诱导分化的试验,也就是抛弃传统化疗中"杀死""消灭"癌细胞的做法,改为通过诱导分化剂,将癌细胞"改造"为正常细胞。

知识链接

白血病:造血系统的一组恶性增生性病变。在造血和淋巴组织中主要累及骨髓和外周血液,不形成肿块。特点为异常的白细胞及其幼稚细胞(白血病细胞)在骨髓和外周血液中异常增生并浸润全身各组织,使正常血细胞生成减少,产生相应的临床表现。

王振义并不是第一个走上"诱导分化"这条路的人。前面有好几批人都做过尝试,但都走进了"死胡同",没有找到出路。有人说这条路根本就是走不通的。王振义前两年的实验一无所获,似乎印证了这句话,但他并未因此萌生退意,反而做好了打持久战的准备。

经过多年的不断探索,急性早幼粒细胞在全反式维甲酸的作用下,顺利分化成了正常细胞,王振义终于在显微镜下看到了希望。他和学生由此首创用国产的全反式维甲酸治疗急性早幼粒细胞白血病。恰在此时,上海市儿童医院血液科收治了一名重症患者。分析病情后,王振义提议,让孩子口服全反式维甲酸。患者只吃了一周的药,病情就出现了转机,之后情况迅速好转,并最终被治愈。这就是全球公认的首个利用诱导分化理论让癌细胞"改邪归正"的成功案例。

王振义这一治疗方案,让急性早幼粒细胞白血病成为第一种可基本治愈的白血病。

如果把自己首创的治疗方案申请专利,这能让王振义成为亿万富翁。但他毫不犹豫放弃了这项专利,将它无偿贡献给全人类,因为他希望全世界的患者都能得到治疗。

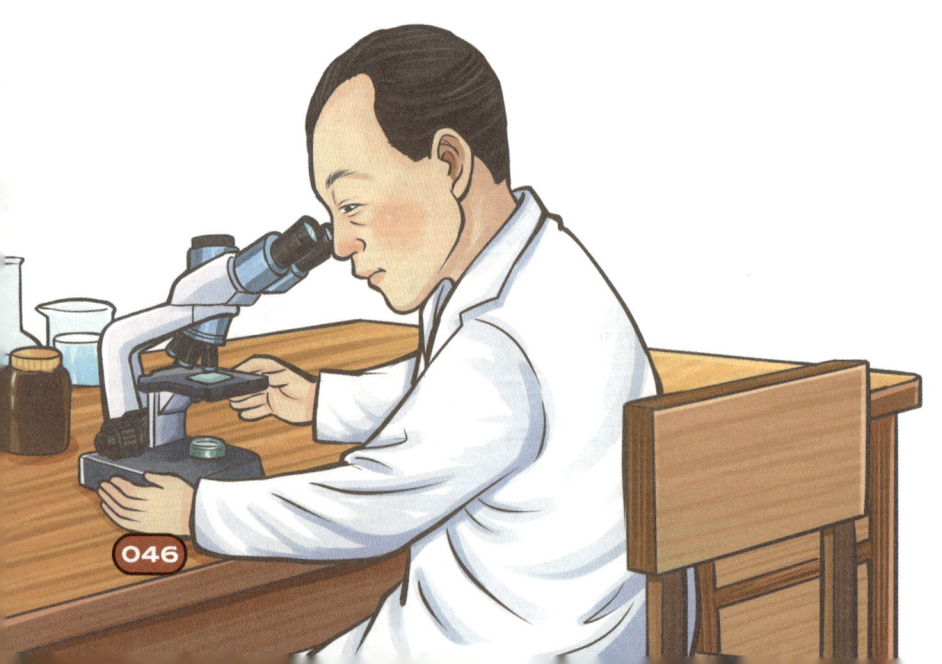

做一株清贫的牡丹

追求卓越、淡泊名利是王振义从医的宗旨。他毕生坚持行医为民，把病人的需要放在首位，全心全意为病人负责。在他的从医生涯中，他从未接受过病人的红包，反而经常减轻病人负担，甚至自掏腰包帮助贫困患者。

他一生获奖无数，但放弃了大部分奖金——1996年求是杰出科学家奖的100万元奖金，王振义拿出40万元捐给医院、40万元捐给学校、10万元捐给他所在的血液研究所；2011年，他荣获国家最高科学技术奖，把500万元奖金中的450万元捐给他所在的医院，其余赠予团队成员；2020年，他获得未来科学大奖"生命科学奖"，并表示更希望把奖颁给年轻人，还宣布把百万元奖金全部捐给扶贫基金会。

与学生一起撰写论文，王振义总是坚持把自己的名字放在最后。在他看来，医生追求的是更崇高的境界——为人类健康做出贡献，不计较名利。

王振义的家里一直挂着一幅国画，那是他最喜欢的画作——《清贫的牡丹》。他说那幅画更能反映他的来源。石头里面怎么会生出牡丹？这就是反映在艰苦的条件下做出工作。而为牡丹提供养分的是石头周边的土壤，说明成绩不属于个人，是大家努力的结果。

国之脊梁 · 民族脊梁

王振义，这位医学界的泰斗，一生对病人负责，以精湛医术救治无数病患；同时，教书育人、言传身教，以人格魅力和学识魅力教育感染学生，为国家培养了一大批拔尖创新人才。**他曾历经千辛万苦找到攻克急性早幼粒细胞白血病的治疗方法，却为了让全球患者都能得到治疗，主动放弃申请专利，被患者誉为"药神"。**2024年9月，在王振义院士将满100岁之际，国家授予他共和国勋章，以表彰他为医学事业和人类健康所做出的卓越贡献。

亲爱的小朋友，了解了王振义爷爷的事迹，你是否能理解他做出的那些高尚选择呢？未来当你面临选择的时候，你会依据什么来做选择呢？请把你的想法和思考写在下面吧。

屠呦呦：一株中国小草改变世界

扫码听音频

追光计划 第一站 漫画"脊梁"

在过去，如果蚊子咬了你一口，很不幸，你会收获一个很痒很痒的红包（不是奖励的红包）。

更不幸的话，你可能还会患上一种非常可怕的疾病——**疟疾**。当**疟原虫**随着蚊子的口水进入你的体内，你会感觉忽冷忽热，忍不住地剧烈发抖。

这是一种古老的世界性疾病，人类与疟疾的抗争已经持续了几千年，许多历史名人都深受其害！

直到1972年，从中医古方中觅得灵感的**屠呦呦**，在一种植物中成功分离提取到了对抗疟原虫的"劲敌"——**青蒿**（hāo）**素**。从此，人类的抗疟之路彻底发生了转变。

它也是一种非常恐怖的疾病，和艾滋病、肺结核一起被世界卫生组织列为严重影响人类健康的三大传染病，致死率较高。

为表彰她在**创新疟疾疗法**方面的贡献，2015年10月，"青蒿素之母"屠呦呦被授予诺贝尔生理学或医学奖。

半个世纪过去了，青蒿素依然是全球重要的抗疟药物。

国之脊梁·民族脊梁

"脊梁"档案

姓　　名	屠呦呦
出生日期	1930 年 12 月
籍　　贯	浙江省宁波市
职　　业	药学家
主要荣誉	诺贝尔生理学或医学奖（2015 年） 2016 年度国家最高科学技术奖（2017 年） "改革先锋"称号（2018 年） 共和国勋章（2019 年）

坚持　解决问题的转折点，是在经历了第 190 次失败之后才出现的。

"脊梁"故事

与"蒿"结下不解之缘

1930 年 12 月 30 日黎明，伴随着一阵婴儿的啼哭声，浙江省宁波市开明街上一户书香人家喜得千金。作为家里五个孩子中唯一的女孩，她备受父母宠爱。父亲屠濂（lián）规从《诗经·小雅·鹿鸣》的"呦呦鹿鸣，食野之蒿"中得到灵感，为爱女取名"呦呦"，希望她平安快乐、自由自在。

这个轻灵、活泼、亲昵的名字，和一种在我国很常见的植物——黄花蒿，跨越 2 000 多年，以一种奇特的方式联系了起来。在未来的日子里，屠呦呦与黄花蒿结下了不解之缘。

上学后，小呦呦经常上完课就回家看书。她比较喜欢

课本链接：《科学》二年级上册第三课《我们离不开植物》

中医药方面的书，书里大多配有插图，非常有趣。16岁时，屠呦呦不幸染上了肺结核，那时医学还不发达，她只好暂停学业，进行了两年多的治疗。生病很难受，但这次的经历，让屠呦呦对中医药产生了浓厚的兴趣。

读中学的屠呦呦成绩并不拔尖，但她有一股执拗劲儿。哥哥曾经给屠呦呦写了一封信，告诉她，学问决不能使诚心求它的人失望。哥哥的话点亮了屠呦呦内心的明灯，坚定了她做学问的信心，为她指出了一条正确的道路。1951年，她考入北京医学院（现北京大学医学部），毅然选择了当时的冷门专业——生药学。

> **知识链接**
> 生药：直接从植物体或动物体采来，经过干燥加工而未精炼的药物。通常所说的生药多指植物性的。

1955年，屠呦呦顺利毕业，被分配到卫生部中医研究院（现中国中医科学院）中药研究所工作。参加工作后，屠呦呦满怀热情地研究各种药材，还参加了"西医离职学习中医班"——这是一个难得的系统学习中医药学知识的机会。就这样，屠呦呦继续探索着中医药学这个丰富的宝藏。

190次失败后的成功

> **知识链接**
> 疟疾：由疟原虫引起的寄生虫病。经疟蚊叮咬（或输血）而传染。典型发作为骤起寒战、高热、热后大量出汗、头痛、口渴、全身无力。长期多次发作后，会出现贫血和脾肿大等并发症。

参加工作后的14年里，屠呦呦都未曾和疟疾、青蒿素有过直接的关联。

20世纪60年代，人们对以往治疗疟疾的药产生了抗药性，使得治疗效果减弱，疟疾蔓延。如何研究新药对抗疟疾，成了当时全世界的重大难题。

1964年，越南人民饱受疟疾之苦，在他们的请求下，中国开始进行抗疟药的研究。1969年，年轻但是已在中西医药学研究上积累了丰富经验的屠呦呦被任命为中药抗疟科研组组长,自此,屠呦呦踏上了从中医药中探索、发掘抗疟新药的艰辛征程。屠呦呦研读历代中医典籍,埋头于那些变黄、发脆的故纸堆中,废寝忘食地寻找着抗疟药物的线索。

耗时3个月,她和团队从2 000多个方药中整理出可能具有抗疟作用的640个药方,又从包含黄花蒿在内的200种草药中提取了380余种提取物测试抗疟效果,但收效甚微。一时间,屠呦呦的研究走入了困境。

起初,普通而又不起眼的黄花蒿并没有引起屠呦呦的重视。

1971年的一天,屠呦呦读东晋葛洪撰写的《肘后备急方》,读到"青蒿一握,以水二升渍,绞取汁,尽服之",短短15个字,却让屠呦呦猛然领悟到,以往他们对黄花蒿是高温处理,但实际上应该是低温提取!于是,她带领团队重新设计方案,进行多次试验。

1971年10月,在第191次低沸点试验中,他们获得了黄花蒿中性提取物。经测试,这种提取物对鼠疟具有100%的抑制率。这是一个飞跃式的进展,是青蒿素发现史上最为关键的一步。

为了证明药物安全无毒,及时拯救众多的疟疾患者,虽然当时屠呦呦身体欠佳,但她还是主动提出做黄花蒿提取物的第一位试验者,科研组的其他两位同志也"以身验毒",结果全都安然无恙。后来,黄花蒿提取物在数十例临床试用中均被证实有效,屠呦呦和她的同事们将其命名为"青蒿素"。

1972年，屠呦呦团队在海南疟疾疫区试用青蒿素胶囊，取得了明显的疗效。就这样，屠呦呦出色地完成了党和国家交给她的重任，我国终于打开了研制新抗疟药物的大门。

献给全世界的礼物

自屠呦呦发现青蒿素以来，青蒿素衍生物一直被作为最有效、无并发症的疟疾联合用药。但世界卫生组织发布的《2018年世界疟疾报告》显示，全球疟疾防治进展陷入停滞，疟疾仍是世界上最主要的致死病因之一。

针对青蒿素在全球部分地区出现的"抗药性"难题，2019年6月，屠呦呦研究团队经过重难点攻坚，在青蒿素"抗疟机理研究""抗药性成因""调整治疗手段"等方面取得新突破。

"国家需要就是我努力的方向。"如今，已年过九旬的屠呦呦，仍然牵挂着青蒿素和疟疾研究，她说她做科研的目的不是得奖。获得诺贝尔奖是中国科技工作者为祖国捧回的一件礼物，更是具有5 000年文明的中华民族为全人类奉献的一件礼物。

屠呦呦，这位伟大的科学家，跨越大半个世纪的时间，像黄花蒿这种平凡的植物一样，**守着一颗爱国心，不惧困境、不求名利，扎扎实实地专注于抗疟药物研发，默默耕耘数十载**，让黄花蒿成为全世界瞩目的"中国神草"。在过去的十年中，以青蒿素类药物为基础的联合用药疗法仍为世界卫生组织推荐的抗疟的最佳治疗方法，使疟疾病人的死亡率减少了50%，它挽救了全球各国特别是发展中国家数百万人的生命，为人类健康和中医药科技创新做出了重要贡献。

亲爱的小读者，读完屠呦呦奶奶这位伟大科学家的故事后，你发现她在研究中获得成功的秘诀了吗？你受到了哪些启示呢？请写一写吧。

吴文俊：让世界重新认识中国数学

扫码听音频

华容道、九连环、孔明锁、七巧板……虽然这些都是我国比较古老的益智玩具，但它们可都蕴藏着拓扑学的秘密呢！

拓扑学是数学的一个分支，它研究的是几何图形或空间在连续改变形状后，还能保持不变的一些性质。比如七巧板，它可以拼合成各种图案，但图案之间的连接方式和连通性却始终保持不变。

20世纪三四十年代，拓扑学是当时最前沿的数学研究领域。1946年，在著名数学家陈省身的指导下，**吴文俊**开始从事拓扑学研究。

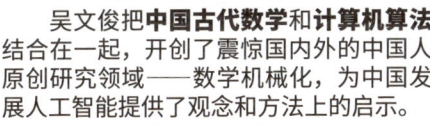

吴文俊把**中国古代数学**和**计算机算法**结合在一起，开创了震惊国内外的中国人原创研究领域——数学机械化，为中国发展人工智能提供了观念和方法上的启示。

在世界数学史的璀璨星河中，群星闪耀，而吴文俊，必定是其中极为夺目的一颗！2001年，吴文俊成为国家最高科学技术奖的首届获奖者。

国之脊梁 · 民族脊梁

追光计划 第二站 "脊梁"档案

姓　　名　吴文俊
生卒年　1919年5月—2017年5月
籍　　贯　浙江省嘉兴市
职　　业　数学家
主要荣誉　中国科学院科学奖金一等奖（1957年）
　　　　　求是杰出科学家奖（1994年）
　　　　　国家最高科学技术奖（2001年）
　　　　　邵逸夫数学科学奖（2006年）
　　　　　"人民科学家"国家荣誉称号（2019年）

钻研：我不想当社会活动家，我是数学家、科学家，我最重要的工作是科研。

追光计划 第三站 "脊梁"故事

📖 引发一场"拓扑地震"

吴文俊说自己与数学结缘，纯属误打误撞。年少时，他的梦想是成为一名物理学家，高中时在老师的建议下转为攻读数学，并在大三那年真正确定自己此生的激情要为数学全力燃烧。

然而，他刚做好为数学研究奉献一生的准备时，抗日战争爆发了。他只能不情愿地放弃研究，辗转多地教书，以维持生计。好不容易熬到抗战结束，吴文俊迫不及待地想要恢复数学研究工作，却发现找不到方向。

苦闷之际，一个机缘使他在上海结识了著名数学家陈省身。陈省身当时已经在国际数学界闻名，此行到上海正是为了组建中央研究院数学研究所。这真是"千里马遇伯乐"！在陈省身的引导下，吴文俊很快便开启了

拓扑学的研究之路。

1947年11月,吴文俊考取了中法交换生,赴法国留学。留学期间,由于经济拮据,吴文俊只能住在巴黎半地下的旅馆中。屋子里白天光线不足,他根本无法工作。吴文俊走来走去想办法,突然发现旅馆旁边有一家通宵营业的咖啡馆。于是,他把那家咖啡馆当成了自己的工作室,每天待在角落里,一直工作到后半夜才离开。那是一段废寝忘食、浑然忘我的钻研岁月。为了参考更多外国文献,他甚至自学了英语、法语、德语和俄语。

1950年春天,吴文俊在拓扑学领域取得了突破性成果。他提出了"吴示性类"和"吴公式",将拓扑学中示性类的概念由繁化简,由难变易,并给出了示性类之间明确的关系和可以计算的公式。这相当于把拓扑和代数结合了起来,开辟了拓扑学通向应用的道路。这项成就不仅在法国拓扑学界引发了一场"大地震",也震动了世界拓扑学界。连他的法国导师都连连称赞。

开创数学机械化研究领域

正当在法国的事业如日中天(好像太阳正运行到正午,形容事物正发展到十分兴盛的阶段)之际,吴文俊突然决定回国。同事问他为什么要回国,吴文俊说:"你去留学,学成归国,这好像就是天经地义,没有什么,大家都是这样子。"

回国后的吴文俊在中国科学院数学研究所担任研究员,继续全身心投入拓扑学的研究中。1957年,37岁的吴文俊因其在拓扑学上取得的杰出成就,与华罗庚、钱学森一起获得中国科学院科学奖金一等奖。

20世纪70年代,吴文俊的研究兴趣开始转向中国古代数学。第一次接触计算机的他敏锐地觉察到计算机的发展潜能。于是,年近60的他毅然决定从零开始,学习计算机编程语言。他经常早上不到8点就已在机房外等候开门,有时甚至连续工作24小时。正是凭借这股忘我的钻研精神,他花费数十年心血,开创了近代数学史上第一个由中国人原创的研究领域——数学机械化(国际称"吴方法"),利用中国古代数学实现了将烦琐的数学运算、证明交由计算机来完成的梦想。

吴文俊依据他的数学机械化思想,把几何问题转化为代数,再编成程序输进电脑,代替了大量复杂的人工演算,将数学家从繁重的脑力劳动中解放出来,这一研究成果再次震惊中外。

此后,这一理论在人工智能、模式识别等多个领域得到了广泛应用。

> **知识链接**
>
> 人工智能:研究、开发用于模拟、延伸和扩展人的智能的理论、方法、技术及应用系统的技术科学。它是计算机科学的一个分支,旨在了解智能的实质,并生产出新的能以与人类智能相似的方式做出反应的智能机器。研究领域包括智能机器人、语言识别、图像识别、自然语言处理和专家系统等。

"我不是数学天才"

"很多年以后,我已经非常出名了,有不少记者问到我关于天才的问题,说我是'数学天才',我才不是呢。关于天才的说法,我是非常、完全反对的。见鬼了!不下苦功怎么可能有成就呢,天才是人努力造成的。什么灵光一闪,我还没见到过什么灵光,我自己也没有灵光,我就是个笨人。我有种怪论,数学是给笨人干的。"这是吴文俊说的话。

是的,这里没有天才,只有一个愿意付出心血、刻苦钻研的"笨人"。为了把一个目标搞清楚,把一个问题钻研透,他不惜牺牲时间,舍弃很多东西,下笨功夫、苦功夫,一心一意做学问。正是依靠这样的潜心钻研,他才能取得一系列原创性成就,化古代方法为现代算数,用自创公式为世界解题,让世界重新认识了中国数学。

吴文俊曾说,自己的学术理想是"鞠躬尽瘁,死而'不已'",他确实做到了。他在艰苦条件下忘我钻研的精神、在不同研究领域勇于创新的态度和持久饱满的探索激情,激励着无数学子,在追求梦想的道路上勇往直前。

国之脊梁·民族脊梁

2017年5月7日，吴文俊永远地离开了我们。**他的一生，是对数学不懈钻研的一生。**从他身上，我们看到了中国知识分子的学术自信、为人谦逊。**他以实际行动道出了科学家精神的真谛。**这份精神不仅铸就了他在数学领域的辉煌成就，也为我们树立了榜样和标杆。

亲爱的小读者，读完吴文俊爷爷的故事，你有什么感悟呢？吴爷爷一生心心念念的是中国数学的复兴、中华民族的复兴。为了实现这一梦想，你觉得自己在学习生活中能够做些什么呢？请记录下来吧。

王大珩：永远的追"光"者

扫码听音频

追光计划第一站 漫画"脊梁"

你发现下面这三种物品有什么相同之处了吗？是的，它们都有一块神奇的玻璃，名叫**光学玻璃**，它可是制造**精密光学仪器**的**重要基础材料**呢！

投影仪 显微镜 相机

在航天领域，光学玻璃是航天器的"护身铠甲"，承担着保护空间站的重任。

光学玻璃是制造望远镜、侦察装备镜头等的核心材料，在战争中，这些高精度光学仪器能够显著提高武器的射击精度和侦察能力。然而，在中华人民共和国成立之初，我们国家连一块光学玻璃都无法自主生产。

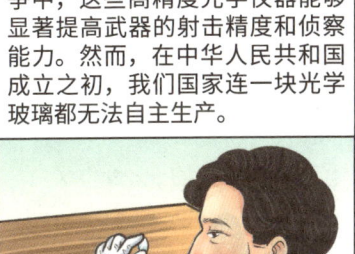

王大珩心系祖国发展，于是中断了攻读博士学位，转而去学习光学玻璃的研制技术，又克服重重困难，熔制出了**中国第一炉光学玻璃**。

王大珩带领团队研制出了一系列光学精密仪器：第一台电子显微镜、第一台高精度经纬仪、第一台光电测距仪……他主持研制的光学仪器，成功采集到第一颗原子弹的爆炸影像，为"两弹一星"事业的发展做出了突出贡献。

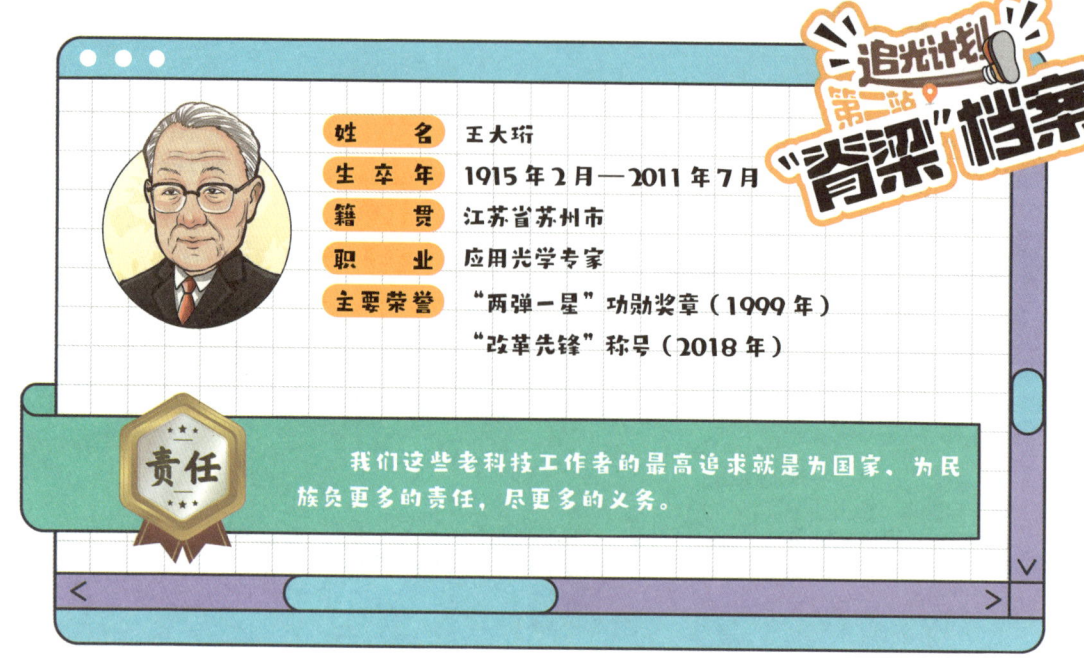

姓　　名	王大珩
生 卒 年	1915年2月—2011年7月
籍　　贯	江苏省苏州市
职　　业	应用光学专家
主要荣誉	"两弹一星"功勋奖章（1999年） "改革先锋"称号（2018年）

责任

我们这些老科技工作者的最高追求就是为国家、为民族负更多的责任，尽更多的义务。

 光学玻璃梦

王大珩对科学感兴趣，是有家学渊源的，他的父亲王应伟是我国天文学家和气象学家。王大珩深受父亲的影响和教诲，自幼就爱上了科学。

1938年，王大珩抱着"科学报国"的信念，以优异的成绩考取了中英庚款公费留学生，在伦敦帝国理工学院物理系攻读应用光学，获硕士学位。

在英国学习期间，第二次世界大战爆发，导致光学玻璃的需求激增，他敏锐地觉察到光学玻璃在战争及未来科技发展中的关键作用。考虑到祖国在这一领域的空白，他决定在获得硕士学位后，进入英国谢菲尔德大学玻璃制造系继续深造，从事光学玻璃的研究。

读博期间，王大珩偶然得知昌司玻璃公司正在招聘实验物理师，工作是从事稀土光学玻璃研究。为了学习到国家更需要的先进技术，打破英国严格的技术封锁，王大珩毅然决定中断攻读博士学位，前往昌司公司成为一线技术人员。

在昌司公司工作的几年里，他每天早出晚归（清晨出门，晚上才回来。形容辛勤忙碌），一刻都不停歇。作为外籍员工，他无法触及光学玻璃制造的核心技术。为了研究出玻璃配方，他私下用最"笨"的方法做了几百次试验：把已有的光学玻璃粉碎、研磨、重熔，观察新熔炼出的玻璃的特质，再与原玻璃进行对比。

最后，他终于了解了光学玻璃的特性，并由此熔炼出可测色散的玻璃。通过反复试验，他还掌握了稀土光学玻璃的制造工艺，并获得两项发明专利。

开启中国光学事业

王大珩说自己做事只考虑两点：国家需求、科学追求。

为了发展我国的光学事业，王大珩在完全掌握光学玻璃相关技术后，坚决辞去工作，放弃英国优越的生活条件，毅然回国。

1951年，王大珩受命筹建仪器馆。当时的条件有多简陋呢？工作场所

国之脊梁·民族脊梁

是几间旧房子，"经费"也仅有 1 400 万斤小米，可以借鉴的经验成果几乎为零……

就是在这样的条件下，王大珩和科研人员一起，仅用一年时间，就建起了中国第一个光学仪器馆——中国科学院仪器馆（长春光机所前身）。新中国的"光学摇篮"自此诞生。

想国家之所想，急国家之所急。仪器馆建成以后，他做的第一件大事便是主持研制光学玻璃。王大珩带领科研人员，从零做起，克服重重困难，花费无数心血，终于在 1953 年 12 月熔制出中国第一炉光学玻璃，结束了中国没有光学玻璃制造能力的历史，也为新中国光学事业的发展揭开了序幕。

> **知识链接**
>
> **八大件：**指万能工具显微镜、大型水晶摄谱仪、电子显微镜、晶体谱仪、高精度经纬仪、高温金相显微镜、多臂投影仪和光电测距仪 8 件光学精密仪器。

随后，他又主持研制出"八大件"等一系列光学精密仪器。这些成果不仅打破了西方国家对我国的封锁和垄断，更为中国科技的自主发展开辟了广阔道路。

从 20 世纪 60 年代开始，在"两弹一星"工程中，王大珩更是发挥了不可替代的作用。他带领团队研制出了多种大型光测设备，为原子弹、导弹的研制提供了关键的光学设备。特别是他主持研制的光学仪器，成功采集到新中国第一颗原子弹核爆区域的一手影像资料，为今后的探索积累了宝贵的试验数据。

为科学发展建言献策

王大珩就任中国科学院技术科学部主任后,不仅致力于研究,而且以战略眼光向国家提出科学发展建议。

1986年,针对美国总统里根提出的"星球大战"计划,王大珩携手陈芳允、王淦昌、杨嘉墀,共同商讨并提交了《关于跟踪研究外国战略性高技术发展的建议》。该建议得到了邓小平同志的高度重视与批示,进而催生了著名的"863计划",这个计划通过追踪并研究国际高科技发展,逐步缩小中国与世界先进水平的差距。可以说,"863计划"如同一把火,点燃了中国战略性高科技发展的助推器中的燃料,推动了后续的一系列科技发明与创造。

> **知识链接**
>
> "863计划":指"国家高技术研究发展计划",是我国于1987年3月启动的以跟踪国际高技术水平、缩小同国外的差距、力争在我国有优势的高技术领域有所突破为目标的发展计划。

王大珩不仅是一位光学研究者,还是一名战略科学家,他时刻把国家需要放在心上,以为国奉献、建言献策为己任,参与并提出多项利国利民的建议,为我国高新技术和航空航天事业的发展做出了突出贡献。

他将自己一生的工作总结为16个字:"实事求是(原指根据实证,求得正确的结论。后也指根据实际情况,正确地对待和处理问题)、审时度势(分析现状,估计形势的发展变化)、传承创新、寻优勇进。"

王大珩的一生是丰富、充实的一生,也是光辉灿烂的一生。他的科学实践和远见卓识突显了他的"高"度和"亮"度,他用"光"改变了中国,他的"光"也将持续照亮并激励一代代的科研工作者。

国之脊梁 · 民族脊梁

2011年7月21日,中国科学界的巨擘——王大珩院士因病医治无效,在北京逝世,享年96岁。王大珩院士的一生,是**矢志不渝追求科学真理、献身国家建设**的一生。他**以促进国家科技发展为己任**,在光学领域取得了卓越成就,为中国光学等科技事业的发展做出了巨大贡献,他的学术思想也深刻影响了整个科学界。同时,**他还致力于科技英才的培养,并提出了许多关于国家科技发展战略的宝贵建议,这些都被载入史册,激励后人不断前行。**

亲爱的小读者,读完王大珩爷爷的故事,你的心中是否涌动着一份深深的感动与敬仰呢?作为新时代的少年,你觉得现阶段的自己应该做些什么呢?请拿起笔,写下你的感悟与决心吧!

张富清：深藏功名的战斗英雄

在烽火连天的战争年代，无数英勇的战士冲锋陷阵，保家卫国，不惧生死。

战争结束后，战斗英雄们脱下一身戎装，积极响应党和人民的号召，投身于祖国建设之中。

不出意外的话，他们将**默默奉献**一生，直到老去。在许多人眼中，他们就是普通得不能再普通的老人。

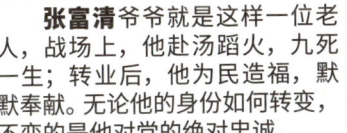

张富清爷爷就是这样一位老人，战场上，他赴汤蹈火，九死一生；转业后，他为民造福，默默奉献。无论他的身份如何转变，不变的是他对党的绝对忠诚。

他用自己的**朴实纯粹、淡泊名利**，书写出精彩人生，是当之无愧的**时代楷模**！

国之脊梁·民族脊梁

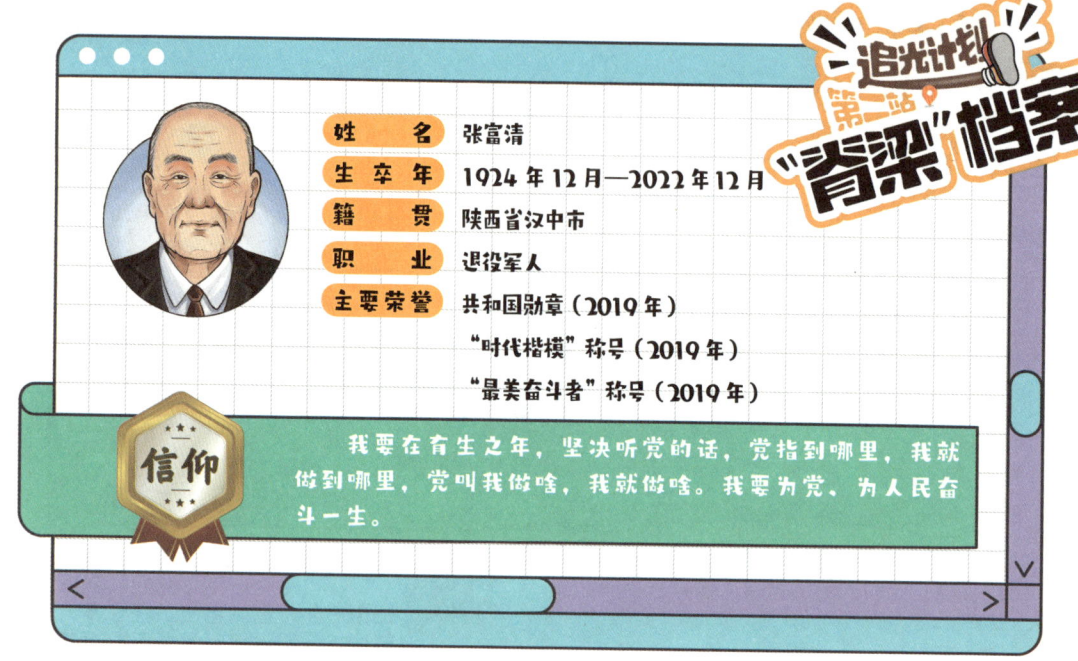

追光计划 第二站 "脊梁"档案

姓 名	张富清
生卒年	1924年12月—2022年12月
籍 贯	陕西省汉中市
职 业	退役军人
主要荣誉	共和国勋章（2019年） "时代楷模"称号（2019年） "最美奋斗者"称号（2019年）

信仰：我要在有生之年，坚决听党的话，党指到哪里，我就做到哪里，党叫我做啥，我就做啥。我要为党、为人民奋斗一生。

追光计划 第三站 "脊梁"故事

 **"张富清是谁？"**

2018年12月3日，在湖北省恩施土家族苗族自治州来凤县退役军人信息采集点，一个红色包裹被打开，一位老人将尘封的历史打开了。

一本立功证书，记录着张富清在解放战争时立下的赫赫战功：军一等功一次，师一等功、二等功各一次，团一等功一次，两次获"战斗英雄"称号。

一份由彭德怀、甘泗淇、张德生联名签署的报功书，讲述张富清"因在陕西永丰城战斗中勇敢杀敌"荣获特等功的故事。

一枚西北军政委员会颁发的奖章，镌刻着"人民功臣"四个大字。

现场工作人员看着这些珍贵的奖章和证书，既震撼又疑惑：张富清是谁？

九死一生的战斗英雄

把时间的指针拨回到1948年3月，24岁的张富清参军入伍，成为西北野战军的一名战士。

几个月后，壶梯山战役打响，张富清任突击组长，他带领突击组攻下敌人碉堡一座、打死敌军两人、缴获机枪一挺，使后续部队顺利前进。这之后，他在东马村、临皋等多场战役中，始终保持着突击队员的英勇本色，不畏牺牲、冲锋在前。

1948年冬天，为配合淮海战役，张富清所在部队向胡宗南的76军发起进攻，永丰战役打响。

> **知识链接**
> 淮海战役：解放战争时期中国人民解放军在以徐州为中心，东起江苏海州（今连云港市海州区），西迄河南商丘，北起山东临城（今枣庄市薛城区），南达淮河的广大地区，对国民党军进行的一次战略性决战。

张富清主动请缨，和两名战友组成突击组，准备在凌晨摸向敌人碉堡。他们在深夜背上炸药包和手榴弹，一路匍匐前进，来到城墙下，之后扒着墙砖缝隙攀上城墙。四米多高的城墙，三四十公斤的负重，张富清翻过城墙，还没站稳，敌人就围了上来。

> **知识链接**
> 碉堡：军事上供观察、射击、驻兵等用的坚固建筑物。通常为二到三层的砖石或钢筋混凝土结构。有圆形、方形和多边形等。

张富清端起冲锋枪一阵扫射，击倒了七八个敌人。与此同时，他自己也在刚才的激战中头部受伤，血流满面。但他顾不上头部的伤，毅然冲向碉堡，利用刺刀在碉堡下面迅速刨出一个坑，把随身背来的八颗手榴弹和一个炸药包放在一起，在侧滚后退的同时，拉动了手榴弹的拉环。一声巨响，敌人的一座碉堡被炸飞。不过，张富清并未停下脚步，而是忍着剧痛，在黑烟的掩护下，顽强地爬向另一座碉堡，并用同样的方法将其炸毁……

"永丰战役带突击组，夜间上城，夺取敌人碉堡两个，缴机枪两挺，打退敌人数次反扑，坚持到天明。我军进城消灭了敌人。"这是张富清立功证书上的文字，记录了他在永丰战役中的卓著贡献。

永丰战役最终取得了胜利，死里逃生的张富清想起了和自己一起翻墙的两名战友，他找了很久也没有找到他们……

有人问他："为什么要当突击队员？"

他说："我入党时宣过誓，为党为人民我可以牺牲一切。"

 党旗是号角

中华人民共和国成立之初，各行各业亟待重建与发展，全国各地都急需干部人才。张富清积极响应党的号召，脱下戎装，用一块红布包好自己冒着生命危险换来的立功证书和勋章，将其塞进皮箱的最底层，抱着"到祖国最需要的地方去"的坚定信念，主动转业到穷困偏远的来凤县工作。

从此，他深藏功与名，扎根大山，造福人民，一干就是一辈子。

工作多年后，张富清又主动申请去条件艰苦、位置偏远的地区——卯洞公社高洞管理区。

高洞四面环山，不通水，不通路，更不通电，老百姓常常吃不上饭。张富清来到这里之后，和村民同吃同住，带着村民四处寻找水源。他不顾

个人安危，50多岁的年纪仍腰系长绳，和村民一起下到天坑底部寻找水源。吃水问题解决后，他又带领村民奋战120多个日夜，在绝壁上抡大锤、打炮眼，硬是从岩壁上凿出一条路来，结束了当地群众只能肩挑背驮出村的历史。

之后，他的职责身份一再改变，但他的初心和对党的忠诚从未改变。在他看来，自己所做的一切都是共产党员应尽的责任，根本不值得炫耀。多年来，他一直将一个1954年的搪瓷缸带在身边，这个补了又补的缸子上，一面印着天安门与和平鸽，一面写着："献给英勇的中国人民解放军""保卫祖国保卫和平"等几行字。

当被问及为何隐瞒自己的战功时，张富清老人哽咽着说："我一想起和我并肩作战的战士，有几多（多少）都不在了，比起他们来，我有什么资格拿出立功证件去（显）摆自己啊？！我有什么功劳啊……"

2022年12月，张富清老人走完了他辉煌而又朴实的一生。他一生听党话，永远跟党走，在解放战争的枪林弹雨中九死一生（形容经历艰险而死里逃生），带着满身的伤痕与荣誉走进新中国。此后60余年，他默默隐去战功，将个人荣誉深藏心底，始终以国家和人民的利益为重，无私奉献，不求回报。他完全无愧于"时代楷模"的称号，是我们每个人都应该学习的榜样。

国之脊梁 民族脊梁

如果不是一次退役军人信息采集，老英雄张富清的光辉事迹或许仍将不为人所知，深埋于岁月之中。他在解放战争的枪林弹雨中，九死一生，立下赫赫战功，却从不居功自傲；退役转业后，他听从党的召唤，主动选择到湖北省穷困偏远的来凤县工作，默默耕耘，将年华与热血无私奉献给党和人民。**张富清的一生，是"听党话、跟党走"的真实写照，他用自己的实际行动，诠释了共产党人的初心和使命，为后人树立了光辉的榜样。**

亲爱的小朋友，读完张富清爷爷的故事后，请思考一下：他为什么要一辈子深藏自己的功绩与荣誉呢？又是什么力量驱使他在平凡的岗位上默默奉献一生？请把你的想法分享给我们吧。

高铭暄："人民教育家"的法学人生

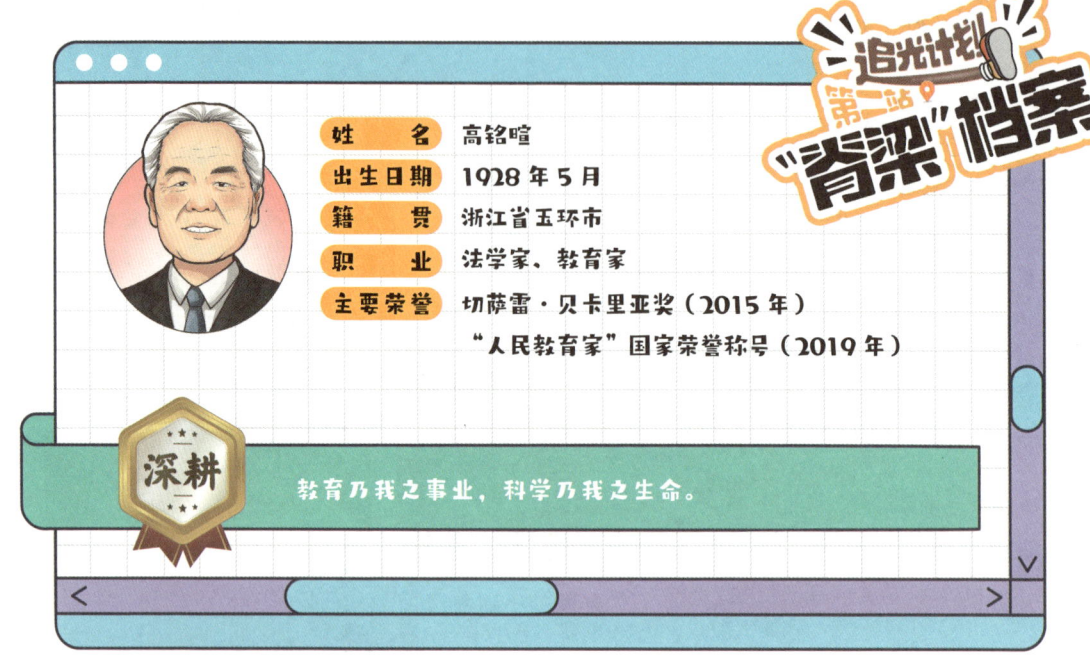

姓　　名	高铭暄
出生日期	1928年5月
籍　　贯	浙江省玉环市
职　　业	法学家、教育家
主要荣誉	切萨雷·贝卡里亚奖（2015年） "人民教育家"国家荣誉称号（2019年）

深耕

教育乃我之事业，科学乃我之生命。

全程参与刑法创制

高铭暄从小受从事司法工作的父亲的影响，对法学十分向往。1947年，他凭借优异的成绩考入浙江大学法学院，正式踏上了法学研究的道路。在恩师李浩培先生的悉心指导下，他对刑法学产生了浓厚的兴趣。

1949年9月，浙江大学法学院被迫停办，经李浩培举荐，高铭暄转到北京大学法律系继续学业。本科毕业后，他进入中国人民大学攻读硕士学位，之后又以优异的成绩毕业并留校任教。

25岁这年，高铭暄第一次站上中国人民大学的讲台，自此他将为新中国的建设培养法学人才视为毕生的事业。

知识链接

刑法：规定什么是犯罪行为，犯罪行为应受到什么惩罚的法律。

1954年9月，《中华人民共和国宪法》的颁布，为百废待兴（许多被废置的事业等待兴办）的新中国提供了根本大法。然而，作为宪法下非常重要的部门法——刑法，却是一片空白。高铭暄深知刑法对于民生、社会发展及国家长治久安的重要性，因此，他与起草小组成员一起，广泛收集国内外法律、法规、案件判例等资料，甚至深入研读我国古代文献如唐律、清律等，以期制定出既符合中国国情又具有国际视野的刑法典。为了完成大量的案头工作，他把所有的碎片时间都利用了起来，甚至会在蜂窝煤炉旁守着炉子看书。

1979年7月1日，历经38稿的草拟、修改与完善，中国第一部系统的刑法典终于诞生。这一刻，高铭暄热泪盈眶。这部法律的诞生前后历经25年，他从风华正茂（形容朝气蓬勃，才华横溢）的青年变成了白发长者，但他无怨无悔。"我将刑法学视为至爱，须臾也不曾分离。"一句话道尽了他对刑法的热爱和无悔。

新中国刑法学教材的主编

1982年，由司法部牵头，共邀请高铭暄等12位刑法学界的专家和学者，在北戴河召开刑法学教材统编研讨会，成立了教材编写组。在大家的一致推荐下，高铭暄成为新中国第一部刑法学教材的主编。

当时,由于长年累月超负荷工作,高铭暄腰伤严重。但教材成书已列入计划,全国高校法律系几十万师生翘首以盼,他不能因为自己影响全国高校刑法的教育进程。苦思冥想之后,他找到一个办法:把枕头垫高,在肚子上立块木板,把稿纸夹在木板上,一只手扶着木板,另一只手写字。就这样,他忍着疼痛,艰难地完成了书稿的编写和审阅工作。

1982年年底,在高铭暄和其他编写组成员的共同努力下,《刑法学》由法律出版社正式出版。这本教材出版后供不应求,前后发行近200万册,是同类教材发行数量之最。

时至今日,《刑法学》依然是每一位刑法学专业学生的必读教材。

中国第一位刑法学博导

《中华人民共和国刑法》与《刑法学》相继问世后,高铭暄终于可以专心投入教学。他敏锐地察觉到,随着时代的发展,中国高等司法教育需要增设专门的刑法教学体系。

1984年1月,经国务院学位委员会批准,高铭暄成为中国第一位刑法学专业博士研究生导师,结束了中国无法独立培养刑法学博士的历史。

高铭暄深知,健全的刑法体系需要大批专业的执法者和维护者,因此,他致力于培养出一批批优秀的刑法学子,为国家的长治久安提供坚实的人才支撑。

对待教学,高铭暄始终秉持严谨认真的态度,用心备好、讲好每一节课。批改学生论文时,他字斟句酌,在论文上写满密密麻麻的批注;对待学生,他因材施教(依据受教育者在天资、志趣等方面的具体情况有针对性地进行教育),秉持"老师不能太过于拘束学生"的观点,鼓励学生要有自己的想法,在前人研究的基础上力求创新。他还创造性地提出"综述研究法",鼓励学生全面收集中外资料,进行分析研究,并撰写文献综述,提出个人见解,从而拓宽视野,明确研究方向,提高思考能力。

为国选才,为国育才,自1953年留校任教,高铭暄在三尺讲台上站立了60余年,先后共培养出80多名法学硕士、博士及博士后。他的学生中,不乏在国内外刑法学界享有盛誉的学者和专家。他们不仅继承了高铭暄的学术精神,还在各自的领域取得了显著的成就。

2019年9月17日,高铭暄被授予"人民教育家"国家荣誉称号。这是对他一生投身教育事业的最高肯定,也是对他为中国刑法学事业做出杰出贡献的崇高赞誉。他却谦虚地表示:"我不过是写了几本书,教出了几个博士,哪里配戴如此荣华的桂冠呢?"

作为新中国刑法学的奠基者和开拓者，高铭暄的名字与诸多开创性的"第一"联系在一起：他是唯一全程参与新中国第一部刑法典制定的学者，是新中国第一位刑法学博导，是新中国第一部刑法学教材的主编……这一系列的"第一"，来自他**对法学事业的深切热爱与持之以恒的耕耘**。用法治保障人民的权利，培养法学人才，实现依法治国，是他的初心，也是他毕生的使命。"**言为士则，行为世范**"，高铭暄的事迹将鼓舞更多优秀学子献身学术、献身法治。

亲爱的小朋友，读完高铭暄爷爷的故事，你是否深受触动？你是否也怀揣着一份热爱，且愿意为之倾尽全力？请与我们分享一下吧！

申纪兰：为中国妇女拼出半边天

扫码听音频

追光计划 第一站 漫画"脊梁"

1953年，《人民日报》的一篇名为《劳动就是解放，斗争才有地位》的长篇通讯报道了申纪兰带领合作社妇女争取**同工同酬**的经过。

"劳动就是解放，斗争才有地位！"这一声呐喊，犹如神奇的**火种**，燃起了万千中国农村妇女内心深处的激情。

要知道，在当时的中国农村，妇女毫无地位，只能围着灶台转，不能与男子同等地参与劳动，更得不到同等的报酬。

申纪兰以一个农村妇女的**执着**和对劳动的信仰，提出了男女同工同酬，并推动其被写入宪法。这一创举在**中国农村妇女解放史**上具有划时代的意义。

从1954年开始，申纪兰连续担任13届全国人大代表，为发展农业和农村集体经济、推动老区经济建设和老区人民脱贫攻坚做出巨大贡献。2019年9月，她被授予共和国勋章。

国之脊梁·民族脊梁

姓　　名	申纪兰
生卒年	1929年12月—2020年6月
籍　　贯	山西省长治市
职　　业	农民
主要荣誉	"改革先锋"称号（2018年） 共和国勋章（2019年）

奋斗

要幸福就要奋斗，不奋斗就没有幸福。我们山上这些树，要不奋斗哪能长起来。奋斗就是胜利，奋斗就是幸福，奋斗就是小康。

争取男女同工同酬的急先锋

太行山夹缝中的西沟村，山是石头山，滩是乱石滩。住在这个村子的人们，自古以来就要与河道抢耕地、与老天抢粮食。当地流传着一句话："好男走到县，好女不出院。"它像一道沉重的枷锁，紧紧地束缚着这里的女人，使她们只能围着灶台和子女转，很少能走出家门去参加劳动。

不到20岁就嫁来这里的申纪兰，可不管这些，她只知道：农民要想吃饱穿暖，就得下地劳动；妇女只有劳动才有地位，才能让人瞧得起。因此，她积极参与劳动。

1951年，西沟村成立了初级农业生产合作社，申纪兰成为副社长。她上任的第一件事就是向妇女们宣传"劳动才能获得解放"的观念。她走家串户，动员妇女们下地参加劳动。

妇女们来是来了,可劳动积极性却不高。因为妇女和男社员一样起早贪黑干满一天活,结果,男社员记10工分,妇女只记5工分。"同样的干活,凭啥工分不同?"申纪兰和姐妹们一样,不理解更不认可。

她提出,男女干一样的活,就应该记一样的工分。这"离经叛道(背离、违反儒家经典和学说。后泛指背离正统的理论、学说或思想)"的提议一出口,就遭到了人们的反对。

为了扭转人们的想法,申纪兰提议,男女分成两队进行劳动比赛。耙地、撒肥、间苗……妇女们为了争取合理的权益,充满斗志,处处争先,最终,她们赢得了竞赛。她们用实际行动向男社员证明:妇女不仅能和男人一样完成繁重的田间劳作,还能干得更出色。男社员们这下算是心服口服(心里嘴上都信服。真心实意地信服)了。

国之脊梁·民族脊梁

知识链接

同工同酬：从事同种工作、熟练程度相同的劳动者，工作的质量、数量相同的，获得同等的报酬。只有消灭性别、年龄、种族、民族等的歧视和限制，才有可能实行这一原则。这是社会主义按劳分配原则的客观要求。对于调动劳动者的积极性，促进生产的发展具有重要意义。

1952年，合作社讨论决定重新确定分配方法，男女同工同酬！破天荒的男女平等、同工同酬，在太行山脚下的一座小山村里率先实现，申纪兰也成为举起"男女同工同酬"大旗的第一人。

1954年9月，25岁的申纪兰当选首届全国人大代表，赴北京参加第一届全国人民代表大会，亲眼见证自己倡议的"男女同工同酬"被写入了《中华人民共和国宪法》，成为中国妇女解放史上的一座里程碑。

带领西沟村走向繁荣

为了改变西沟村光秃秃的环境面貌，申纪兰带领村民们植树造林，每天天不亮就出门，直到天黑了才回家。他们先是整坡整沟栽种，后来大块小片栽种，再后来是寻找空地，三株五株补栽补种。

申纪兰还积极倡导种植经济作物，致力于带领群众实现脱贫致富。经过几十年持之以恒的努力，她带着乡亲们完成了2.67万亩的荒山造林，种植了桃、杏、枣、核桃、苹果等10万棵经济树，打造了500多亩的高产田。在她的带领下，西沟村从一个几乎不具备生存条件的小山村，转变为全国闻名的模范村。西沟村光秃秃的石头山变成了青山，春日里花团锦簇（像花朵及锦绣汇聚在一起。形容色彩缤纷，艳丽华美），秋天里繁果压枝。

随着时代的变迁，申纪兰始终保持与时俱进的态度，从植树造林到发展乡镇企业，再到开发红色旅游，一步步把西沟村建设成和谐、富裕、美丽的新农村。

人民代表为人民

从第一届连任至第十三届全国人大代表，申纪兰从对人大代表职责懵懂无知，到认准"当人大代表，就要代表人民，代表人民说话，代表人民办事"。多年来，她细心倾听农民的疑惑、忧虑与需求，将这些声音一一捕捉并变成议案提交上去。

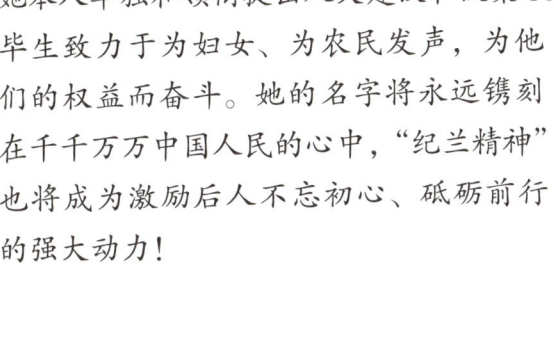

申纪兰深知肩上的责任重大，每次参加大会都会带两三条建议或议案，其中大多都聚焦于"三农"问题，涵盖了从"村村通水泥路"到"保护耕地免遭公路侵占"，从"山区水利设施建设"到"老区经济发展路径"，从"新型农村合作医疗制度"到"提升农村教育质量"，再到"农村干部民主选举"与"贫困地区旅游开发"等多个方面。这些来自农村、来自基层的议案和建议，凝聚着她的心血和使命，写满了她为人民说话的牵挂与情怀。

妇女代表、农民代表，这是申纪兰对自己的定位。当选人大代表期间，她一共提出和附议人大议案134项，提出和附议人大建议351项，其中，她本人单独和领衔提出人大建议和议案80项。她始终坚守这一身份认同，毕生致力于为妇女、为农民发声，为他们的权益而奋斗。她的名字将永远镌刻在千千万万中国人民的心中，"纪兰精神"也将成为激励后人不忘初心、砥砺前行的强大动力！

国之脊梁 · 民族脊梁

2020年6月，申纪兰永远地告别了这个世界，但她奋斗不息的精神永存。她以一个农村妇女的坚韧和对劳动的深切信仰，发出了"男女同工同酬"的倡议，并成功使其被写入宪法。**作为全国唯一一位连续当选第一至第十三届全国人大代表的杰出人物，申纪兰始终忠实履行代表职责：代表人民说话，代表人民办事。她的一生，是劳动与奋斗的赞歌，是对初心与使命的践行。**

亲爱的小朋友，读了申纪兰奶奶的故事，你有什么感悟？你从申纪兰奶奶身上学习到了哪些优秀品质？请和我们一起分享吧。

林巧稚：我国妇女儿童的"守护神"

扫码听音频

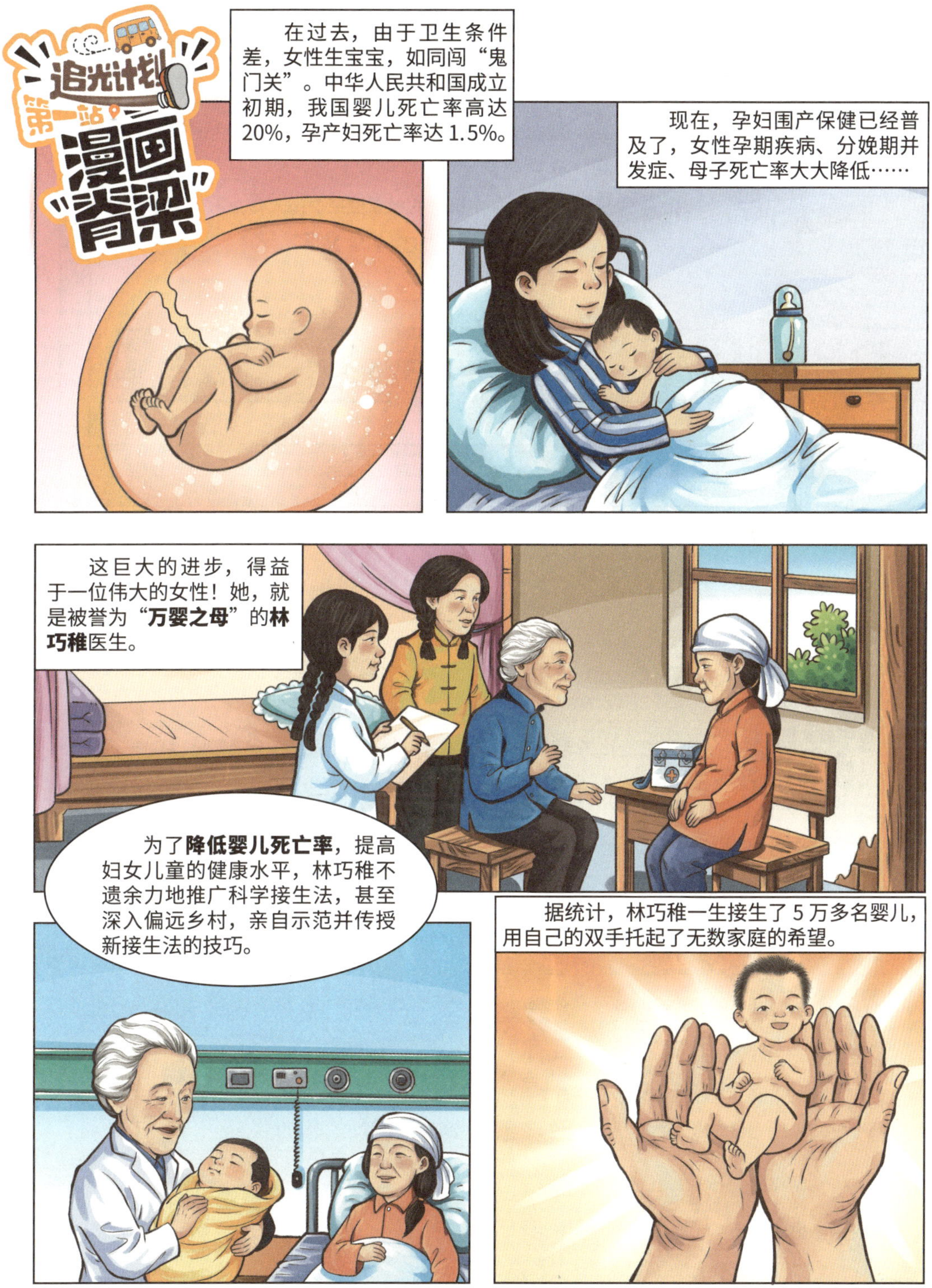

追光计划 第一站 漫画"脊梁"

在过去，由于卫生条件差，女性生宝宝，如同闯"鬼门关"。中华人民共和国成立初期，我国婴儿死亡率高达20%，孕产妇死亡率达1.5%。

现在，孕妇围产保健已经普及了，女性孕期疾病、分娩期并发症、母子死亡率大大降低……

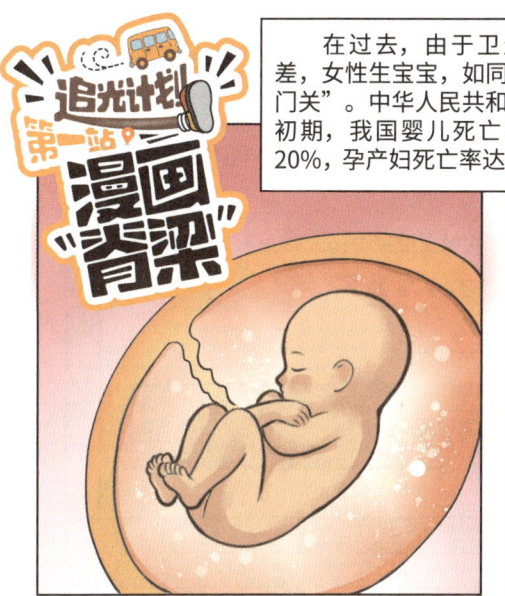

这巨大的进步，得益于一位伟大的女性！她，就是被誉为**万婴之母**的**林巧稚**医生。

为了**降低婴儿死亡率**，提高妇女儿童的健康水平，林巧稚不遗余力地推广科学接生法，甚至深入偏远乡村，亲自示范并传授新接生法的技巧。

据统计，林巧稚一生接生了5万多名婴儿，用自己的双手托起了无数家庭的希望。

国之脊梁·民族脊梁

姓　名	林巧稚
生卒年	1901年12月—1983年4月
籍　贯	福建省厦门市
职　业	妇产科学家
主要荣誉	100位新中国成立以来感动中国人物之一（2009年） 最美奋斗者（2019年）

仁爱

只要我一息尚存，我存在的场所便是病房，存在的价值便是医治病人。

海滨少女的憧憬

林巧稚不足5岁时，母亲就因宫颈癌去世了。幼年丧母的经历为她日后投身医学事业埋下了种子。林巧稚的医学启蒙始于厦门女子师范学校，她在这里度过了从小学到高中的10年时光。教生物的外籍老师会带领他们去山上捉蝴蝶、捕蜻蜓，到海边捉水生和陆生的小动物。

林巧稚后来说，自己之所以喜欢医学，和当初喜欢生物有很大关系。

当然，除了生物，在其他科目上她也很优秀。鼓浪屿的学校至今还存留着一张林巧稚的成绩单，上面记录着她在校读书时的成绩：12门课程，9门名列年级第一。

> **知识链接**
>
> 北京协和医学院：中国高等医学院校，前身是美英两国5个基督教新教教会和伦敦医学会合办的协和医学堂。

高中毕业后，林巧稚在留校任教与报考北京协和医学院之间，选择了后者，她立志要用医术为人们消除疾病带来的痛苦。

1921年7月，闷热的考场上，林巧稚感觉有些透不过气。可她一场一场考过来，居然发挥得都还不错。最后一场更是她的优势科目：英文笔试。她信心满满地进了考场，却在考到一半时停笔了。原来，考试中途，同考场的女生突然晕倒，监考的男老师不方便施救，危急关头，林巧稚放下试卷冲了过去，好一阵忙活后，女生才缓缓醒来，这时却到了收卷时间。

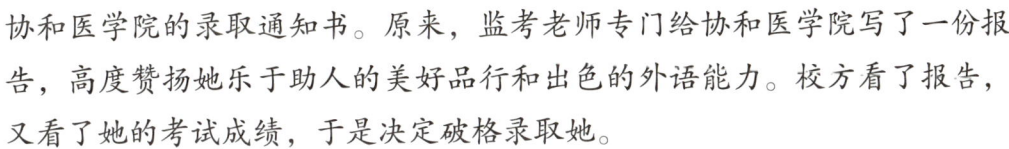

林巧稚不后悔弃考救人，但对于错失梦寐以求（睡觉做梦时也在追求。形容期望迫切）的机会，她的内心也充满了遗憾。

然而，一个月后，她却收到了北京协和医学院的录取通知书。原来，监考老师专门给协和医学院写了一份报告，高度赞扬她乐于助人的美好品行和出色的外语能力。校方看了报告，又看了她的考试成绩，于是决定破格录取她。

再次启程，林巧稚目光坚定，奔向了自己选择的未来。

 ## 北上求学

北京协和医学院是预科3年、本科5年的8年学制，学校规定：学生在预科期间，不仅要完成将近1 800小时的6门课程，而且每科要达到75分才算及格。

国之脊梁·民族脊梁

林巧稚坚信"一勤天下无难事",要想成功,就要比别人更用心、更勤奋。她起早贪黑地学习,一边学新课,一边补习以前没学过的物理、化学。为了每天多学一会儿,林巧稚摸清了学校熄灯的规律:晚上10半点拉闸,过了夜里12点总电闸又会重新合上。于是,她总是晚上10点半上床休息,过了晚上12点再起来学习。

8年的寒来暑往,她把自己打磨成了一把锋利的剑。毕业时,成绩高居榜首的她,在经久不息的掌声中接过了"文海奖"(这届毕业生的最高荣誉)的证书和奖金。

毕业后,她被北京协和医院聘为妇产科助理住院医师。在产科,她喜悦地迎接着新生命的到来,感受着生命的奇迹。她说自己最爱的就是婴儿的第一声啼哭,那是生命最动听的赞歌。

1929年圣诞节前夕,一个大雪纷飞的深夜,外籍医生们早早下班过节去了,科室里只有林巧稚。这时,急诊科送来一位急需手术的宫外孕患者。在此之前,作为助手的林巧稚还没有独立完成过一台手术。可人命关天,她无暇多虑,在请示了科主任之后,就站上了手术台,主刀为产妇做手术。这一刻,全世界都消失了,她的整个身心都被治病救人这一个念头占满了。

最终,手术圆满成功。林巧稚凭着沉着冷静的心态和多年积累的精湛医术,挽救了孕妇的生命。

一团火焰、一块磁石

工作期间,林巧稚深入研究国内外的接生方法。结合自己的实践经验,她总结出了"新法接生",并积极推广。在她的努力下,新法接生、住院分娩逐渐普及,孕产妇和婴儿死亡率大大降低,妇幼健康水平获得了大幅度提升。

20世纪50年代,她提出和组织了北京地区大规模的宫颈癌普查普治,使妇科普查成为常规制度,大大降低了宫颈癌患者的死亡率。

林巧稚不仅医术高明,对待病人更是充满爱心和耐心。她的行医原则是"认病不认人",不论来历、背景,对所有的病人都一视同仁(对人对事同等看待,不分亲疏远近、高低贵贱)。林巧稚的出诊包里,总是放着一笔钱,以便随时接济需要帮助的病人。

她终身未婚未育,却成了5万多名婴儿的"妈妈",更成了无数中国女性的守护神。

作为中国现代妇产科学的奠基者和开拓者,她为中国妇产科学的创建和发展倾注了大量心血,培养了一代又一代优秀接班人。她还带头编写科普读物,把科学的保健知识普及到千家万户。

作家冰心是这样评价林巧稚的:"她是一团火焰、一块磁石。她的'为人民服务'的一生,是极其丰满充实地度过的。"

林巧稚，这位伟大的妇产科医生，从她走上工作岗位到临终前夕，50多年的时间里，她心中装着的只有妇女、婴儿的安危。在半个多世纪里，她亲手接生了5万多个孩子，其中不乏我们敬仰的袁隆平院士这样的杰出人物。她以无私的奉献和深沉的爱，践行着"**以非凡之爱，做平凡之事**"的崇高理念，**用一生书写着医者仁心的光辉篇章**。她不仅是医学界的楷模，更是我们心中永远的脊梁，值得我们永远铭记和敬仰。

亲爱的小读者，读完林巧稚奶奶的故事，你收获了哪些宝贵的启示呢？快把你的感悟和家人、朋友分享一下，写一写吧！

王永志：一生为国圆梦飞天

扫码听音频

追光计划 第一站·漫画"脊梁"

你做过飞天梦吗？像敦煌壁画中的飞天舞者那样，自由自在地在空中飞翔。

2003年10月，随着中国第一艘载人航天飞船——"神舟五号"进入太空，中华民族延续了千年的**飞天梦**终于实现了。

中国载人航天梦由来已久，自1992年付诸行动起，至2003年圆梦太空，历时11个春秋。浩瀚太空中，国旗飘扬，是无数航天儿女以心血铸就的辉煌。

王永志院士一生干了三件大事：研制导弹、送卫星上天、送中国人进入太空。直到生命的最后时刻，他念叨的仍然是天上的事和登月的事。

其中，有一个人的身影尤为突出，他就是**载人航天工程**总设计师——**王永志**！他用创新精神赢得主动，以批判思维锐意进取。

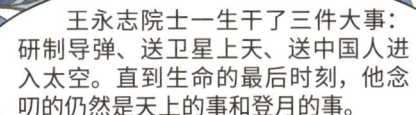

国之脊梁·民族脊梁

追光计划 第二站 "脊梁"档案

姓　　名	王永志
生卒年	1932年11月—2024年6月
籍　　贯	辽宁省铁岭市
职　　业	航天技术专家
主要荣誉	国家最高科学技术奖（2003年）共和国勋章（2024年）

负责：与权威的意见不同的时候，你要敢于提出，这是很不容易的。你得有这个勇气，这个勇气从哪来，就是对事业的高度责任感。

追光计划 第三站 "脊梁"故事

导弹发射，崭露头角

1964年6月下旬，甘肃酒泉辽阔的戈壁滩上，酷热难耐，气温超过40℃。发射基地内，工作人员的情绪与室外的高温相呼应，紧张而焦急。此刻，"东风二号"导弹即将发射。它是中国自主研制的首枚中近程导弹，在1962年的首次发射遭遇失利之后，经过两年的改进，即将重新接受检验。

所有人屏气凝神（形容注意力高度集中），等待着导弹发射的命令。然而，传来的却是一个紧急的报告：经过精密的计算，导弹射程不够，弹头无法准确飞抵预定的落点区域。

原来，推进剂开始加注后，在高温下体积膨胀，导致燃料箱无法灌进足够的燃料。为此，研讨会开了一个又一个，各种解决方案经过讨论又不断被否定。

这时,一个年轻人提议:泄出600千克燃料。所有人都认为这个提议荒谬至极,根本没有讨论的必要。

王永志在深思熟虑与反复计算之后,确信自己的方案绝对可行:燃料虽然少了,但火箭质量轻了,反而能达到预定射程。可是,说服不了别人怎么办?他实在不甘心,鼓足勇气敲开了发射现场最高技术决策人钱学森的门。

钱学森仔细听完王永志的讲述,<u>一锤定音</u>(比喻凭某人的一句话就把事情决定下来),按王永志的建议办。

1964年6月29日,"东风二号"呼啸着点火起飞,顺利飞抵预定区域。"东风二号"的成功发射,不仅标志着中国能够独立研制高技术水平的战略级武器,也验证了王永志逆向思维的正确性。自此,32岁的王永志开始在导弹研制领域<u>崭露头角</u>(比喻突出地显示出才能),成为钱学森力推的"接班人"。

背水一战打硬仗

20世纪80年代,随着西方国家航天领域事故频发,国际商业卫星发射市场出现了运载能力短缺的状况,当时主管火箭业务的王永志敏锐地看到了将中国火箭打入国际市场的机遇。

经过不断的努力,1988年,中国凭借"长征二号"<u>捆绑式运载火箭</u>(以下简称"长二捆")方案拿下第

知识链接

捆绑式运载火箭:多级运载火箭第一级外围捆绑有助推器的运载火箭。为进一步提高多级运载火箭运载能力和降低研制成本,采用捆绑技术,运载火箭由串联组合发展为串联与并联组合。

一份商业合同。对方要求中方必须在1990年6月30日前将火箭竖立在发射台上待机发射，否则终止合同，并要求中方赔款100万美元。此时"长二捆"研制还处于草图阶段，时间却只剩下18个月了，按常规来说，研制新的火箭至少需要4~5年。

王永志后来回忆说，这是他一生最艰难的硬仗，要顶着以往没有的技术风险、贷款几个亿的经济风险、作为第一责任人的前途风险甚至是影响国家颜面的风险。他别无退路，只能背水一战。

为了顺利交付火箭，王永志把家安在了办公室，每天和研制人员一起超负荷工作。设计人员平均一天要画17张图，工厂要在400天里设计生产出5 000多套特殊工艺装备，试验单位要在180天内做完大小300多项试验。

终于，在合约到期前一天——1990年6月29日，"长二捆"矗立在了西昌卫星发射中心的发射架上。半个多月后，"长二捆"首发告捷，顺利升空。

美国媒体评论道，这预示着中国在卫星发射业务方面将上升为"大角色"，并将有能力将航天员送入太空。

圆千年飞天梦

1992年9月21日,中国载人航天工程正式立项,60岁的王永志被任命为载人航天工程总设计师,不仅要对重大决策负责,还要协调各个系统,以确保整个工程顺畅推进。

王永志带领团队齐心协力,攻克一个又一个技术难关。他提出严格执行"归零"制度,即从源头排查问题,不留任何隐患,确保把航天员安全送进太空并安全返回;还创造性地提出跳过大型动物试验,直接从无人飞行过渡到载人飞行,这极大地提升了工程效率。

2003年10月15日,"神舟五号"载人飞行任务圆满成功,中国航天员杨利伟首次飞天。这一壮举不仅实现了中华民族的千年飞天梦,也标志着中国成为世界上第三个能够独立开展载人航天活动的国家。此后,"神舟"系列飞船连续成功发射,不断刷新着中国航天事业的新纪录。

钱学森曾称赞王永志,在年轻时就崭露头角,大胆地采用逆向思维,很懂得科学的辩证法。这些卓越的品质,不仅帮助王永志在国防科学事业的舞台上把自己的才情发挥得淋漓尽致,更为中国国防科学事业的蓬勃发展做出了巨大贡献。

王永志毕生致力于国防科研，从事导弹火箭研制 30 年、载人航天工程 20 余年，退休后也没有离开科研战线，仍在为空间站建设、载人登月等出谋划策。 他自述一生干了三件大事：研制导弹、送卫星上天、送中国人进入太空。对很多人来说，这三件事中的每一件都难于登天，王永志却**大胆负责、不迷信权威、辩证思考**，一路披荆斩棘，用旺盛的激情到达一个又一个新的人生坐标。

亲爱的小读者，当你深入了解了王永志院士辉煌的一生后，有哪些感悟呢？从他身上学习到了哪些精神和优秀品质呢？不妨将你的心得与好友一同分享在下面吧！

黄大年：愿将此身长许国

扫码听音频

追光计划 第一站 漫画"脊梁"

这个大型设备，名叫"**地壳一号**"，高60米，占地1万多平方米。

它是专为深入地球内部探测而设计的装备，可以钻探至地下1万米的深度，探测地球内部的结构和成分。

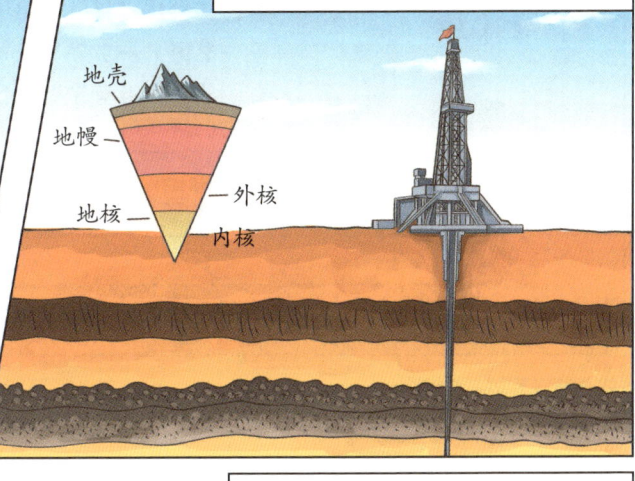

这种装备就像一只移动的"千里眼"，可以给地球做"计算机断层扫描"，对国土安全有重大价值。

其实，这项探测技术长期被国外封锁，导致我国在相关领域几乎处于空白状态。地球物理学家**黄大年**回国之后，带领团队攻克难关，研发出"地壳一号"，叩开了"地球之门"！

为了党和国家的教育、科研事业，黄大年奋斗到生命的最后一刻。新中国75周年华诞到来之际，他被授予"**人民教育家**"国家荣誉称号。

国之脊梁·民族脊梁

追光计划 第二站 "脊梁"档案

姓　　名	黄大年
生卒年	1958年8月—2017年1月
籍　　贯	广西壮族自治区南宁市
职　　业	地球物理学家、教育家
主要荣誉	"时代楷模"称号（2017年） 全国五一劳动奖章（2017年） "人民教育家"国家荣誉称号（2024年）

赤诚

振兴中华，乃我辈之责！

追光计划 第三站 "脊梁"故事

回到梦开始的地方

1988年，黄大年申请加入中国共产党。他在入党志愿书中写道："若能做一朵小小的浪花奔腾，呼啸加入献身者的滚滚洪流中推动人类历史向前发展，我觉得这才是一生中最值得骄傲和自豪的事情。"

他说到做到！之后的岁月里，他用一片赤诚之心，矢志不移（发誓立志永远不改变）地坚守着自己的理想与信念。

1992年，怀揣强国理想的黄大年凭借卓越才能荣获"中英友好奖学金项目"的全额资助，作为国家公派学者前往英国利兹大学深造，攻读地球物理学博士学位。

知识链接

地球物理学：研究地球整体及其组成部分（大气圈、水圈、地壳、地幔、地核等）的性状、结构和各种物理过程的科学。

毕业后，黄大年回母校长春地质学院任教。但1997年，他再次踏上留学之旅，前往英国专注于水下隐伏目标及深水油气的高精度探测技术的尖端研究，并逐渐成为研究地球物理领域高科技敏感技术的少数华人科学家之一。不过，无论身在何处，他的心中始终牵挂着这片养育他的土地。

2009年，当得到祖国召唤时，黄大年毫不犹豫地做出了回国的决定。彼时，他已在英国剑桥航空地球物理公司任高级研究员12年，主持研发的许多成果都处于世界领先地位。但他毅然辞去了在公司的重要职务，选择回国，为我国的航空地球物理事业耕耘、播种。

这一切，只源于一个坚定的信念——"我们国家从一个大国向强国迈进过程中，需要很多很多像我这样的人回来参与建设。"

至诚报国，强国有"我"

回国后，黄大年迅速投入紧张的工作中。

他先后担任国家深地计划装备项目等多个国家级项目的首席科学家，重点攻关我国急需的"地球深部探测关键仪器装备"。这种装备就像一只移动的"千里眼"，搭载在飞机、轮船和汽车等交通工具上，可以巡天、探地、潜海，给地球做扫描，对国土安全有重大价值。然而，这样的技术长期被国外封锁。

黄大年深知，只有突破这项技术，才能真正保障国家的安全，促进国家发展。

为了尽快追上与发达国家30年的科研差距，黄大年开始与时间赛跑。他从全国范围内精挑细选，迅速集结一支由顶尖人才组成的科研团队。接下来的几年，他几乎把所有时间都用在了事业上：一年有将近一半的时间都在出差，行程安排得满满的。

国之脊梁·民族脊梁

一次出差途中，黄大年在飞机上突然晕倒，醒来后的第一句话完全出人意料："我要是不行了，请把我的电脑交给国家……里面的研究资料很重要……"

在他的带领下，团队突破一个个技术难点，在短短几年时间内完成了西方国家20多年走过的路，交出了一份亮眼的成绩单：中国首台万米大陆科学钻探工程样机"地壳一号"问世，自此，中国成为第三个掌握万米钻探技术的国家；无缆自定位地震勘探系统工程样机研制突破关键技术，为开展大面积地震勘探提供技术支持；航空重力梯度仪原理样机研制成功，固定翼无人机航磁探测系统工程样机研发完成，在深地探测中取得了一系列重大发现。

> **知识链接**
>
> "地壳一号"：由吉林大学自主研发设计。钻机占地1万多平方米，高60米，钻进能力可达到1万米，主要应用于中国地壳的立体探测、能源探测等方面的研究。它填补了我国在深部大陆科学钻探装备领域的空白，极大地提高了我国的超深井科学钻探装备的水平。

这些成果，为实施国家地球探测计划积累了技术经验和人才储备，全面提高了我国在地球深部探测重型装备方面的自主研发能力，加速了我国地球深部探测进程，叩开了"地球之门"，为我国"巡天、探地、潜海"填补了多项技术空白。

不灭的明灯

黄大年不仅是战略科学家，还是学生敬爱的"大先生"。在黄大年的眼中，自己最重要的身份人民教师。

在担任2009级本科生"李四光"班班主任期间，黄大年为全班学生购置笔记本电脑，用以支持他们做数据研究，并积极鼓励学生投身创新实践。他全方位地关注学生的成长，无论是培养科研兴趣、拓宽国际视野，还是锻炼科研能力、塑造创新思维，他都为学生倾注着心血。

他常说，人才培养是不亚于科技攻关的一项重要任务。即使在因胆管癌躺在病床上时，他还坚持一边打吊瓶，一边给学生们授业解惑（传授学业，解除疑难）。他说，这些学生未来是要为国家做事的，只有把他们培养好，自己才能放心。他希望学生能够志存高远，把个人的发展目标建立在国家、行业的需求上面。

在学生眼中，黄大年是严师，也是慈父。有学生喜欢数学和编程，黄大年知晓后会帮忙搜集材料；有学生喜欢无人机，黄大年知晓后还会出钱买航模，甚至是资助学生考取无人机驾照。

2017年1月8日，在科学的星空中，这颗璀璨的明星悄然陨落，年仅58岁。"心有大我、至诚报国"是黄大年的生命底色，也是他留给后来者的宝贵精神财富。他如同一盏永不熄灭的明灯，激励着后人在国家需要时挺身而出，以真诚与奉献为笔，书写属于自己的报国篇章。

国之脊梁·民族脊梁

"振兴中华，乃我辈之责！"这是1982年黄大年本科毕业时，在同学纪念册上写下的宏大志向，也是他毕生的追求。在祖国最需要的时候，他放弃国外优渥的生活，毅然选择报效祖国。为了党和国家的教育、科研事业，黄大年**奋斗到生命的最后一刻**，真正做到了**以身许国、矢志不渝**。他努力钻研取得的成果，不仅为**国家赢得了荣誉和尊重**，也为推动地球探测技术的发展做出了重要贡献。

亲爱的小读者，看完杰出科学家黄大年的非凡事迹后，你有什么感悟？你觉得黄老师身上的哪些品质值得学习呢？快把你的感悟跟家人、同学分享一下，在下面写一写吧！

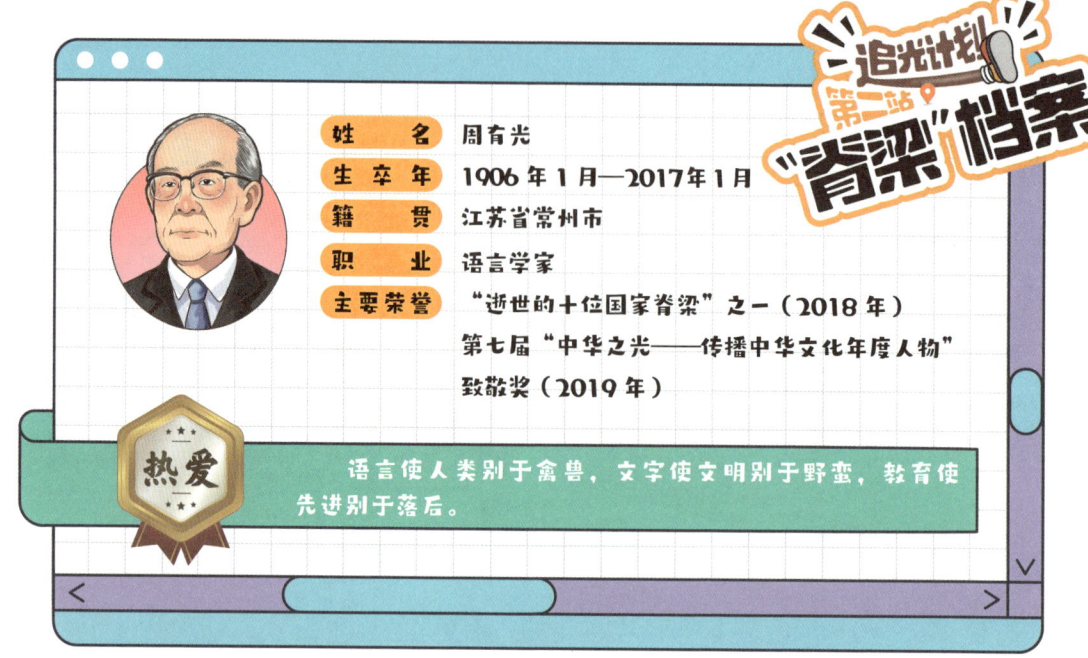

 语言使人类别于禽兽，文字使文明别于野蛮，教育使先进别于落后。

决心推动汉语拼音化

1923年，周有光凭借卓越的才华考上了被誉为"比考状元还要困难"的上海圣约翰大学。可他因为<u>囊中羞涩</u>（形容经济困难，手头拮据）凑不出学费，一度想放弃。幸运的是，在姐姐朋友的帮助下，他最终得以顺利入学。

一进校门，他发现，这里什么都用英文，就连布告都是英文写的。一个土生土长的中国人突然进入一个全英文环境，他感觉既陌生又新奇。新奇之余，周有光感觉到，英文非常方便，英文打字机进一步方便了人们的沟通。但他突然产生疑问：为什么没有中文打字机？经过一番深思，他意识到，中文没有英文方便，而文字作为记录语言的工具，当然是越方便越好。因此，他对改革中国文字产生了念想。这一想法激发了他对语言研究的浓厚兴趣，促使他在大学一年级选课的时候辅选了一门语音学。

周有光觉得，中国人需要一套汉语拼音方案，这不仅有助于人们交流，还能方便国人接受教育。然而，迫于经济压力，大学毕业后，他并未立即投身于语言学研究，而是先在大学任教，后转至银行工作，并作为银行代表前往外国学习相关经济学知识。

即使身处异国，他也时刻关注着国内的拉丁化新文字运动，并写文章表达自己的支持。他深知，中国作为一个多民族、多方言的国家，缺乏统一的注音符号会给沟通带来极大的不便。因此，他更加坚定了推动汉字拼音化的决心。

热爱可抵岁月漫长

上海解放后，周有光毅然回国，继续在大学和银行任职。在此期间，他根据自己多年来的自学、研究，先后出版了《中国拼音文字研究》和《字母的故事》两部著作。《中国拼音文字研究》一书在一年内多次再版，可见其影响力之大。

1955年，年近半百的周有光，凭借在拼音和文字改革方面的卓越影响力及独到见解，受邀参加在北京召开的全国文字改革会议，会后被调入新成立的中国文字改革委员会工作，担任第一研究室主任。从此，他得以在自己热爱的领域大展拳脚。

周有光到任后，接到的第一项工作就是参与制定汉语拼音方案。

为了完成这项看似简单、实则艰巨的任务，周有光投入了大量的时间和精力。他仔细分析汉语的语音结构、音节构成及音韵特点，同时考虑了国际通行的拼音规则和习惯，最终提出了汉语拼音方案的三原则：拉丁化、音素化、口语化。经过多轮讨论和修改，终于制定出了采用国际性拉丁字母的《汉语拼音方案》。这一方案在1958年第一届全国人民代表大会上被

国之脊梁·民族脊梁

知识链接

《汉语拼音方案》：给汉字注音和拼写普通话的拼音方案。1958年由第一届全国人大第五次会议批准推行。分字母表、声母表、韵母表、声调符号、隔音符号5部分。采用26个拉丁字母，在字母表里规定顺序和名称，在声母表和韵母表里规定拼写法，另有声调符号和隔音符号用法的规定。

批准通过并公布实施。同年，汉语拼音进入小学课堂，成为全国小学的必修课。

《汉语拼音方案》出台后，全国掀起了一股学习拼音的热潮，甚至，一些农民在田间干活休息的空隙都要学习汉语拼音。在20世纪50年代轰轰烈烈的扫盲运动中，汉语拼音更是成了重要推手，极大地促进了民众文化素养的提升。

中国文化要想和外国文化交流，首先要得到国际社会的广泛认同。在接下来的时间里，周有光又致力于推动《汉语拼音方案》成为拼写汉语的国际标准。当时，国际上关于拼音方案已经存在多种，因此，《汉语拼音方案》要获得国际认可并非易事。

但周有光并未因此气馁，通过持续的努力和不懈的游说，终于在1982年迎来了历史性的时刻——《汉语拼音方案》被国际标准化组织正式认定为拼写汉语的国际标准，从此汉语拼音走上国际舞台。随着《汉语拼音方案》国际地位的确立，中国文化在国际舞台上的影响力日益增强，该方案为中外文化的深入交流与合作奠定了坚实的基础。

有光一生，一生有光

《汉语拼音方案》顺利实施后，国家又将简化汉字的工作提上了日程。周有光始终孜孜不倦，从未停止过研究的脚步。他在北京大学等多所高校讲授汉字改革课程，并设立了一门新学科——"现代汉字学"，他的讲义《汉字改革概论》更是成为该学科的奠基之作，并被翻译成多国文字向全世界发行。

从50岁到85岁，周有光把精力都倾注在语言文字领域；85岁之后，他潜心思考和研究文化学、人类社会发展规律等问题，并撰写了大量兼具学术性与通俗性的文章和读书札记。

周有光用一生追随自己的光——热爱的事业，并把自己活成一束光，温暖和照亮了无数平凡人的心灵。如今，汉语拼音已成为我们日常生活中不可或缺的文字交流工具。当我们运用拼音认识生字、使用拼音输入法发送信息时，必须铭记这位伟大的语言爱好者的名字——周有光。他的贡献不仅让汉字语言更加规范、便捷，也推动了人类社会的进步与发展。

国之脊梁·民族脊梁

周有光，这位伟大的语言学家，**凭着对语言学的热爱，以其深厚的学术造诣和不懈的努力，设计并创建了现在通用的《汉语拼音方案》，在中文的读音和书写之间建造了一座桥梁**。该方案同时也是联结汉语和世界的坚实桥梁，助力中国文化以更加自信的姿态走向世界。《纽约时报》曾经刊发长文对他做出报道，称"**是他让汉字书写像 ABC 一样简单**"。他的这一成就，为汉语教学体系的完善和国际交流的便捷做出了杰出贡献。

亲爱的小读者，你从周有光爷爷身上学习到了哪些优秀品质呢？作为学生，我们应该如何践行这些品质呢？请写一写吧。

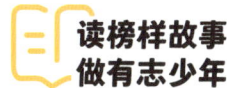

大国工匠
国之脊梁

荣恒教育研究院　编

目　录

·001· —  **管延安**
中国"深海钳工"第一人

·007· —  **高凤林**
为火箭焊接"心脏"

·013· —  **胡双钱**
造国产大飞机的"手艺人"

·019· —  **孟剑锋**
传承古法，让国礼出神入化

·025· —  **宁允展**
毫厘之间彰显"匠心"

·031· —  **顾秋亮**
为"蛟龙"点睛

·037· —  **朱文立**
执着"天青"终为"汝"

·043· —  **彭祥华**
炸开"天路"的爆破王

·049· —  **周平红**
勇闯内镜医学"无人区"

·055· ——  **潘从明**
　　废中取宝，点石成金

·061· ——  **张冬梅**
　　用匠心打造"良心药"

·067· ——  **郑兴**
　　为航天员在太空建"房子"

·073· ——  **陈兆海**
　　做国家重大工程的"眼睛"

·079· ——  **黄金娟**
　　从零到一的创造者

·085· ——  **戴振涛**
　　为航母舰载机保驾护航

·091· ——  **张嘉**
　　让世界看到中国的5G

·097· ——  **周永和**
　　为大国重器"拼图"

·103· ——  **许映龙**
　　与台风竞速的"追风者"

管延安：中国"深海钳工"第一人

扫码听音频

在 40 米深的海里，工人在建设海底沉管隧道时，周围密不透风，温度高达 40℃……要想拧好一颗螺丝，是不是很难？

"**超级工程**"**港珠澳大桥**中有一段是由一节一节的隧道组合而成的。要把每节隧道沉下去，再精准对接，拧螺丝的误差不超过 1 毫米！

管延安做到了！他用一双手，让两个平面严丝合缝，拧了 60 万颗螺丝，零失误，成就了这一超级工程的传奇！

管延安以超高的技艺和精益求精的"匠心"，打破了国外的技术壁垒，完成了港珠澳大桥 33 节巨型沉管和 6 000 吨最终接头的舾装任务。

2016 年 4 月，管延安获得"最美职工"的称号；2020 年，他又获得了"全国劳动模范"的称号……一个个奖项，是对这位"**大国工匠**"实力的肯定。

国之脊梁 · 大国工匠

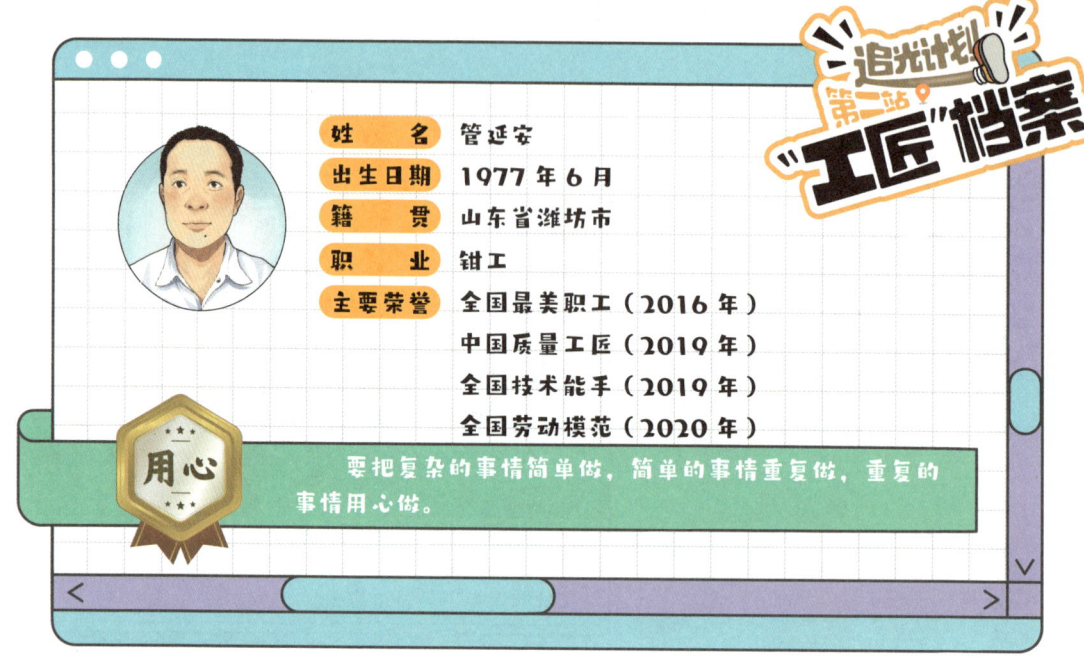

姓　　名	管延安
出生日期	1977年6月
籍　　贯	山东省潍坊市
职　　业	钳工
主要荣誉	全国最美职工（2016年） 中国质量工匠（2019年） 全国技术能手（2019年） 全国劳动模范（2020年）

用心：要把复杂的事情简单做，简单的事情重复做，重复的事情用心做。

拜师学习机电维修

管延安给人的第一印象是：皮肤黝黑、内敛、不善交谈，典型的山东大汉形象。1977年，他出生于山东省潍坊市的一个小乡村。他们一家人都是脚踏实地的农民。从父母给他取"延安"这个与中国革命圣地有关的名字就可以看出来，家里对孩子的期望是质朴的。他们希望自己的孩子能够传承革命先辈们艰苦奋斗的精神、对党和国家坚定的信念和无私奉献的品质。

事实上，管延安也没有辜负他们的期望。他带着这份与生俱来（从一生下来就有；天生的）的淳朴品性，走上了"为国家拧好每一颗螺丝"的人生道路。

初中毕业的管延安，觉得自己天资一般，考大学这条路并不适合他。于是，他决定将自己的人生驶往另一个方向——学习一门手艺。1995年，他来到青岛,拜师学习机电维修。

在青岛当学徒期间,管延安开始接触钳工职业。他的师傅常说:"当工人可以学历低,但不能不学习。你要记住,人这辈子,不学则无技,无技则不立。"他把师傅的话铭记于心。从做钳工开始,他就发现了自己的天赋和兴趣。他不仅对机械维护、设备安装等有着浓厚的兴趣,而且十分愿意下功夫去学习、钻研自己喜欢的技能。

知识链接

钳工:指以锉、钻、铰刀等手工工具为主进行机器装配和零部件修整的工作;或指做这种工作的技术工人。

工作中的管延安

"干一行,爱一行,钻一行",从事钳工工作多年,虽然管延安常调侃自己是一个只有初中学历的农民工,但是在岗位上,他始终保持勤学苦练作风,养成了凡是不懂的地方一定要认真翻书查找资料的习惯。从1995年参加工作开始,他先后参与了世界三大救生艇企业之一的青岛北海船厂、国内最大集装箱中转港——青岛前湾港等大型工程建设,一直在钳工这个岗位上发光发热。

创造"零误差"奇迹

2013年，从业近20年的管延安凭着过硬的技术，受命带领钳工团队前往珠海牛头岛，参与港珠澳大桥岛隧工程的建设。由于港珠澳大桥海底隧道的封闭性，大型机械根本无法进入，要想将33条巨型沉管用60多万颗螺丝严丝合缝（缝隙密合。形容衔接得非常紧凑）地对接，只能靠人工拧螺丝。

> **知识链接**
>
> 港珠澳大桥：我国境内一座连接香港、广东珠海和澳门的岛隧工程。该桥被英国《卫报》誉为"新世界七大奇迹"之一，集桥梁、隧道和人工岛于一身，是迄今世界最长的跨海大桥，被誉为世界桥梁建筑史上的"王冠"。

隧道管道内的工作条件要比陆地上的工作条件恶劣得多，管道内非常闷热，进去5分钟，工人们就会全身湿透。管延安打趣说："上下午两大桶水根本不够喝。"管延安负责的沉管舾装作业工程，沉管安装的接缝处间隙误差不得超过1毫米，否则就会出现渗水、漏水，作业的难度系数堪比"神舟九号"与"天宫一号"的对接。

为了这1毫米的标准，管延安只能通过无数次的拆、装练习，培养那种看不见摸不着，却又无比精准的"手感"。在反复的练习中，他完全能通过锤子敲击阀门发出的声音（即听音）来判断接缝的间隙是否合格。

2013年5月6日，港珠澳大桥海底隧道首节沉管顺利安装成功。这是我们中国人靠自己的技术、设备和人员完成的壮举。这一成功，给了管延安和工友们非常大的信心。

可在安装第15节沉管时，两次浮运安装都失败了。管延安查阅大量资料，进行各种专业技术咨询，却发现即使在世界范围内也找不到合适的设备，为解决这一难题，他与团队不断探索和钻研。终于，半年之后，第15节沉管第三次"出征"。安装期间，管内压载水系统突发故障，于是他果断安排人员进入已经半浮在海水中的沉管内抢修，最终顺利完成安装。

包括管延安在内的所有参与者，经历千余次技术攻关，终于完成了这数千米的交通工程，创造了世界最长外海沉管隧道在深海"滴水不漏"的奇迹。

"大国工匠"再次踏上征程

管延安通过多年努力，积累了丰富的经验，但是他对每一颗螺丝仍不敢松懈。他会详细记录每台修过的机器、每个修过的零件的情况。他还在工作日志里写下许多自创的"图解"符号。在港珠澳大桥建设期间，他制作了"图解档案"，其中的几本还被收录进港珠澳大桥沉管预制博物馆了！这些厚厚的维修日志，成了管延安的徒弟们争着学习的"秘籍"。

2024年4月19日，举世瞩目的港珠澳大桥主体工程顺利通过竣工验收。这一"超级工程"创下了多项世界之最，管延安和其他4 000多名建设者，打破了国外的技术垄断，造出了世界上最难、最长、最深的海底公路沉管隧道。

为了继续在建设中弘扬工匠精神，"大国工匠管延安创新工作室"成立。在管延安的带领下，工作室成员全部成为跨海通道和船机修造骨干。他们把自主创新的成果应用于"为国建桥"的实践当中，为我国的跨海通道和船机修造提供了源源不断的新创意、新动力。

国之脊梁 · 大国工匠

管延安,中国"深海钳工"第一人,他二十年如一日地用心做着钳工这份"不起眼"的工作,他坚信:**只要坚持把平凡的事情做好,就能成就不平凡。** 在港珠澳大桥海底隧道的建设过程中,他以"零缝隙"的超高标准,完成了33节巨型沉管的对接。他以**敬业又专注的品质**,克服了恶劣环境下的工作困难;他以**追求卓越的精神**,相继攻克了多个世界难题,创造了一年安装十节沉管的中国速度。面对每一颗螺丝,他都以零失误的成绩交上了完美答卷。他用行动诠释了什么是"工匠精神",为国家重大工程建设树立了榜样,激励着无数劳动者在平凡岗位上创造不平凡的业绩。

亲爱的小读者,读完管延安这位"大国工匠"的故事后,你有什么感悟呢?快把你的感想写下来,和家人、朋友一起分享吧!

高凤林：为火箭焊接"心脏"

扫码听音频

你是不是觉得**焊工**谁都能当？确实，家里铁门坏了，只要拿起焊枪，进行焊接就可以修好。戴上遮光面具酷酷的，在火花四溅中工作帅帅的。

我国有个很厉害的焊工叫**高凤林**，他可以为火箭焊接"心脏"，并且能做到在0.01秒内精准控制焊枪，上万次的操作都准确无误。

如果为火箭焊接"心脏"——发动机，你能做到吗？对于这样一个庞然大物，焊接不能出现0.1毫米的误差，否则火箭升空的时候就可能发生毁灭性爆炸！

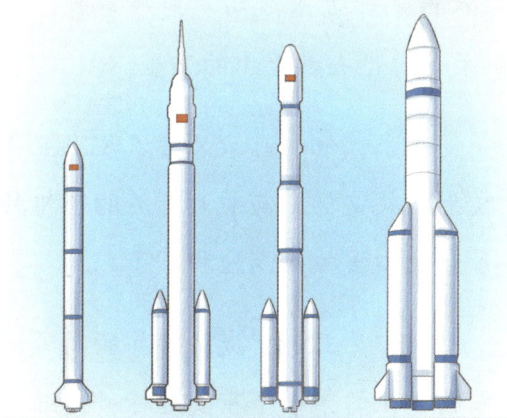

40多年来，高凤林一直奋战在航天制造一线，为160多枚长征系列运载火箭焊接发动机，让它们完美地飞向太空。

他被称为**焊接火箭"心脏"**的"中国第一人"，曾先后攻克航天焊接200多项难关，为航天事业做出了巨大贡献。

国之脊梁 · 大国工匠

姓　　名	高凤林
出生日期	1962年3月
籍　　贯	河北省沧州市东光县
职　　业	特种熔融焊接工
主要荣誉	全国五一劳动奖章（2007年） 全国劳动模范（2015年） 中国质量奖（2016年） 大国工匠年度人物（2018年）

突破

关关难过关关过，前路漫漫亦灿灿。一次次超越创新、一次次突破极限，让我的焊接技艺、工作能力不断提升。

种下航天梦的种子

1962年，高凤林出生于一个工人家庭。在他8岁那年，我国的第一颗人造地球卫星成功发射。当时，小小的高凤林被兴冲冲赶回家的母亲拉到大街上，去看天上的卫星。

后来，他和母亲又看了几次卫星发射。就这样，与航天有关的梦想种子在他心里被悄悄地种下了。

初中毕业时，成绩优异的高凤林面临人生的第一个重要选择：是继续学业，还是去学一门技术。母亲鼓励

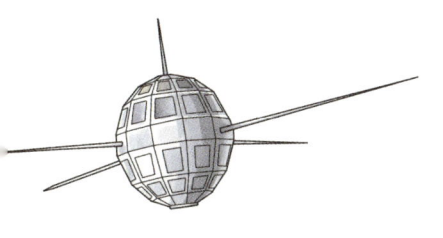

他说："报考七机部技校吧，去解你小时候的迷惑与梦想吧。"

就这样，高凤林投入了航天的怀抱。在技校学习期间，高凤林对航天有了初步的了解。一次偶然的机会，他进入了火箭发动机车间实习。这个车间专门负责火箭发动机的焊接，也就是制造火箭"心脏"。在那里，他更是体验到了火箭焊接工人的艰辛与伟大。他努力学习焊接技艺，并最终以较高的专业技术留在了火箭发动机车间。为了练就过硬的焊接技术，他从不惜力，全身心扑在工作上：吃饭时，习惯拿筷子比画焊接送丝的动作；喝水时，习惯端着盛满水的缸子练稳定性；休息时，举着铁块练耐力；还经常顶着高温观察铁水的流动规律。

1983年，在厂里崭露头角的高凤林参加了长征三号运载火箭发动机燃烧室的研制。在参与研制的过程中，爱钻研的高凤林先把新材料的知识研究透彻，然后把这些理论知识创新性地运用到项目当中，出色地完成了研制任务。

> **知识链接**
>
> 七机部：全称为中华人民共和国第七机械工业部，1964年设立，主要负责洲际导弹项目，1982年改名为航天工业部，主要负责航天工业。

一次次的技术突破

选择航天事业，便意味着选择与各种高难度技术挑战同行。在焊接火箭发动机的过程中，仅仅是在实际操作中出现0.1毫米的误差，都可能让火箭在高速飞行中轰然解体。

"刻苦钻研、超越创新"是高凤林的工作宗旨。在长征二号捆绑式运载火箭（简称"长二捆"）高达80多米、亚洲最大的全箭振动试验塔的焊接中，

国之脊梁·大国工匠

由于振动大梁的材料特殊，高凤林和老师傅、技术人员在研究、分析后，决定采用一种高难度的焊接方法。最终，他和队友们顶着高温出色地完成了焊接工作。他的手至今还有在这次工作中因严重烤伤留下的疤痕。这些疤痕就像勋章一样，是高凤林为祖国航天事业做出卓越贡献的最好证明。

除此之外，他还参与完成了复杂的载人飞船伞舱系统、动力支持系统和空间站生命维持系统的研制攻关，且均获得成功。每一次的成功，都是高凤林工作上的一个新突破。

20世纪90年代，我国的主力火箭——长征三号甲系列运载火箭，用的是新型大推力氢氧发动机，其大喷管延伸段的管壁比一张纸还薄，焊枪在管壁上多停留0.1秒都可能把管子烧穿或焊漏。面对大喷管的焊接瓶颈，高凤林带领团队，经过不断摸索，凭借高超的技艺攻克了难关。

在接下来的长征五号运载火箭的研制过程中，新的发动机焊接难题出现了。

知识链接

长征五号：新一代大型运载火箭，完全采用无毒无污染推进剂，是我国目前研制规模和技术跨度最大的航天运输系统工程，主要用于发射空间站、下一代地球静止轨道卫星等任务。

2016年11月3日，长征五号火箭首飞取得圆满成功。

由于长征五号运载火箭是大推力火箭，它的发动机采用了大量的新材料、新结构，因此技术攻关成了重头戏。事事敢为人先（有勇气做别人没有做过的事）、勇于创新的高凤林，又带着他的团队继续迎难而上，突破体力和脑力的极限，连续一个月，夜以继日（晚上连着白天，形容工作学习很努力）地进行试验攻关。最终通过大量试验，他们研制出了专用焊丝，解决了焊接难题。

就这样，高凤林一次次突破关键核心技术的瓶颈，打破国外技术封锁，解决了发动机在焊接上的缺陷控制难、变形控制难等问题，创造了多项创新成果。

此生无悔献航天

高凤林团队所取得的创新成果不仅被应用在长征五号运载火箭和长征五号B运载火箭上，为探月、探火、空间站建设等国家重大任务的实施做出了突出贡献，还被推广应用至长征三号甲系列运载火箭、长征七号运载火箭、长征八号运载火箭等。

高凤林先后为90多枚火箭焊接过"心脏"，攻克了200多项航天焊接难题。同时他精心培育人才，带出了一支含50名技能大师的技术班组。

2023年，他负责的"新一代运载火箭高效能氢氧发动机焊接制造技术"项目获得国家科学技术进步二等奖。

关关难过关关过，解决了那么多的焊接难题后，高凤林说："总结自己的成长历程，感受最深的就是要把美好的人生年华与国家、集体的荣誉和利益结合起来，只有这样才能'当回首往事的时候不为碌碌无为（平庸，没有突出的作为）而羞愧'。"

国之脊梁 · 大国工匠

高凤林，**用焊枪突破极限精度**，攻克了多项火箭发动机制造领域的世界级技术难关。在焊花闪烁之中，他为火箭铸"心"，为载人航天、北斗导航、嫦娥探月等国家工程的顺利实施，以及长征五号新一代运载火箭的研制做出了突出贡献。**他始终如一地坚守在岗位上，刻苦钻研、勤奋实践，在"平凡"的岗位上，做出了不平凡的成绩。**

亲爱的小读者，高凤林追求梦想的"火花"有没有照亮你的梦想呢？读完他的故事，你觉得自己可以为梦想做哪些准备呢？快把你想说的话写下来，和朋友或者家人分享一下吧！

胡双钱：造国产大飞机的"手艺人"

扫码听音频

20世纪60年代，我国的航空工业由于资金和技术问题，发展水平远远落后于世界先进水平。

好不容易等到了第一架国产飞机运-10起飞。可是，天时、地利、人和，总缺了那么一个成功的因素，大飞机又下马了。

即使制造大飞机的工作被暂停，往日的同事都走了，参与研制运-10的**胡双钱**毅然选择坚守自己的**"造机梦"**，每天细细打磨着手里的零件。

直到21世纪，中国民机制造的春天终于到来了……

胡双钱坚守了30多年，经手的数十万个零部件无一次品。终于，他和其他怀揣"中国大飞机梦"的同事们，把C919送上了蓝天。

胡双钱这位杰出的**"航空手艺人"**，获得了多项荣誉称号。荣誉加身，他却说："如果可以，我真的好想再干30年！"

国之脊梁 · 大国工匠

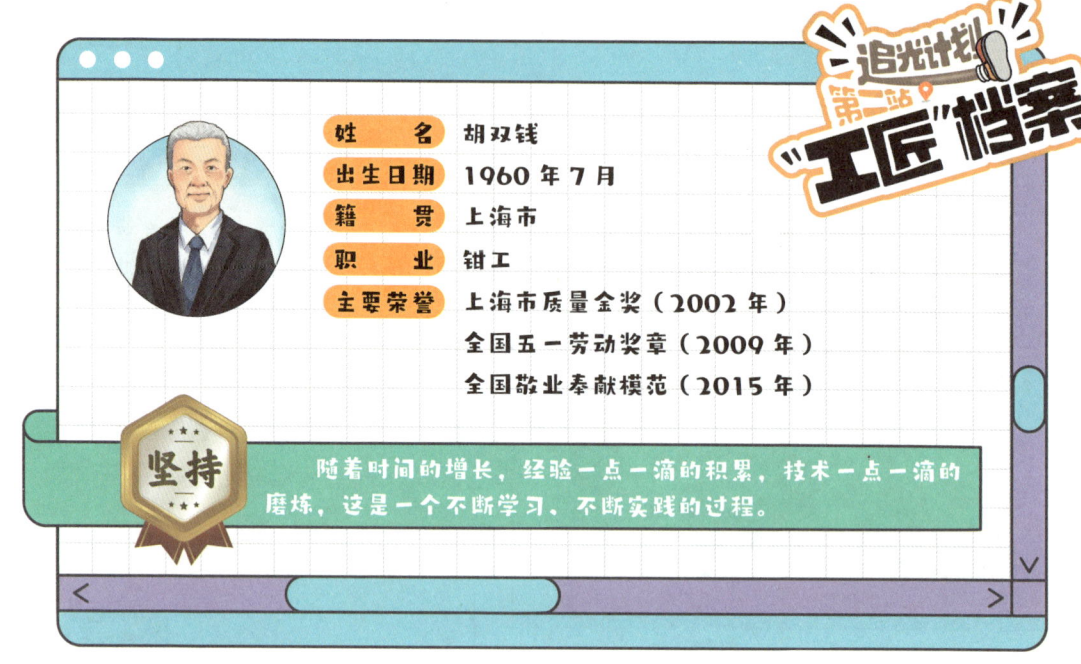

姓　　名	胡双钱
出生日期	1960 年 7 月
籍　　贯	上海市
职　　业	钳工
主要荣誉	上海市质量金奖（2002 年） 全国五一劳动奖章（2009 年） 全国敬业奉献模范（2015 年）

坚持

随着时间的增长，经验一点一滴的积累，技术一点一滴的磨炼，这是一个不断学习、不断实践的过程。

童年的梦想就是造飞机

出生于工人家庭的胡双钱，从小就对各种机械十分痴迷，尤其是飞机。小时候，他只要一有空，就会躲在机场跑道边的农田里看飞机。看着飞机从头顶上呼啸而过，小小的他在心里暗暗发誓：一定要当一名航空技术工人，造出世界一流的飞机。

父母也希望他长大后能学会一门谋生技术。于是在 1978 年，他如愿进入了 5703 厂技工学校（现上海飞机制造有限公司）学习。更难得的是，在技校学习期间，他跟着老师参与了运-10 飞机零部件的生产和加工。

知识链接

运-10：我国第一架自行设计、制造的大型喷气式客机，由 640 所和上海飞机制造厂具体负责。1980 年 9 月，运-10 试飞成功，我国自行研制的大型客机终于腾空飞上了蓝天。

胡双钱 · 造国产大飞机的"手艺人"

可以接触到真正的飞机，胡双钱便抓住这一宝贵的实践机会，一边虚心向师傅请教，一边苦练技能。在车间里，大家常常能看到他忙碌的身影，什么活他都愿意干，无论工作是简单还是复杂，他从不以应付的心态去对待。

不仅如此，胡双钱还会反复核对图纸，仔细划线打磨零件，直到零件被加工完成。在交付产品的那一刻，他也会在脑子里"回放"自己所做的每个步骤，检查产品是否有问题。他精湛的技术就是在一件件不起眼的零活儿里累积磨炼出来的。

当看到我国自主研制的大飞机运-10成功首飞后那四台发动机喷出的四条黑烟时，胡双钱激动的心情难以言表。

但不久后运-10项目就下马了，一切似乎又回到了原点。当时，好多技术员工都被民营企业高薪聘走了，甚至有企业给胡双钱开出了三倍工资，都被胡双钱婉拒了。胡双钱总觉得，儿时的梦想还在，要制造大飞机的初心还在，只要还能接一些其他的单子维持生活，自己都能继续坚持。

 造大飞机的梦想需要坚守

在那个做什么都要白手起家的年代，制造自己的大飞机是每个中国人的梦想。

选择留下来的胡双钱，陆续参与了中美合作组装MD82飞机和波音737-NG、空客飞机零部件的转包生产工作。秉着"精益求精（已经很好了，

still力求做得更好），追求完美，打造极致"的精神，他在工作中独创了很多行之有效的工作方法。

比如，在制造飞机钳工作业的工作中，胡双钱发明了"对比复查法"，又独创了"反向验证法"，用双倍工作量为保证加工的准确和质量、减少报废等打下了基础，避免生产出现"差之毫厘，谬以千里"的情况。

终于在20多年后，我国启动飞机研制项目，胡双钱过硬的本领终于有了用武之地。他参与了新支线客机的零件生产，并在生产过程中进行了工艺技术的攻关创新，也为C919的研制奠定了基础。C919立项后，胡双钱凭着在新支线客机项目中积攒的经验和获得的成绩，在C919的研制项目中，更有信心和斗志，他不仅生产零件，还担任起了生产组"紧急救援"的角色。

> **知识链接**
>
> C919：中国首款按照国际通行适航标准自行研制、具有自主知识产权的喷气式干线客机。2022年12月9日，全球首架交付。2023年5月28日，C919大型客机圆满完成首次商业飞行。

有一次，厂里急需一个特殊零件，为了不耽误工期，胡双钱接下了这个又急又艰难的任务。这个零件的精度要求是0.024毫米误差，上面需要打出36个孔。胡双钱只花了一个多小时，用一双手、一台传统的铣（xǐ）钻床就把零件制造出来了！零件送检后，一次性通过了检验，大家再次对胡双钱的"金属雕花"技能心悦诚服。

让更多飞机写上"中国制造"

工作了几十年，胡双钱依然喜欢泡在车间里。2014年，胡双钱的工作车间成立了胡双钱"大国工匠"工作室，他在这里继续为国家的飞机制造行业输送人才。因为胡双钱深知，要让更多在天上翱翔的飞机都写上"中国制造"，培养一批又一批的高技术人才才是硬道理。

胡双钱说，如果年龄允许的话，自己还能再干10年、20年，继续为中国的大飞机贡献自己的力量。

2015年11月2日，C919大型客机首架机正式下线，我国自主研发大飞机的梦想终于实现了，而担任大飞机制造首席钳工技师的胡双钱，真的实现了他的那个"造出世界一流的飞机"的梦想。

回望走过的路，胡双钱感慨地说："勤奋刻苦为我赢得尊严，技艺精湛让我收获荣誉，我为自己是一名航空技术工人而感到自豪。"

国之脊梁 · 大国工匠

胡双钱，一个简单而又不简单的"大国工匠"，**他在岗位上兢兢业业了30多年**，用一双手，打造了数十万个无一次品的零部件，助力我国的大飞机冲天而上，让世界看到了我们的大型客机在蓝天上自由翱翔。这是几代航空人的梦，也是胡双钱作为一个普通工人的梦。除此之外，他**退休后依然坚守岗位，竭力为中国大飞机事业打造出一支技术创新、攻坚克难、吃苦耐劳、勇于追梦的精品团队，为国家源源不断地输送技术人才**。

读完胡双钱叔叔为梦想坚守的故事，你有什么感想呢？他的经历又带给你什么启示呢？快写下来，和同学、朋友或者家人分享一下吧！

孟剑锋：传承古法，让国礼出神入化

扫码听音频

你知道錾（zàn）刻吗？这是一项有着3 000多年历史的传统工艺，在商周时，就有很多錾刻的器皿。

錾刻一直都是古代宫廷专用的手艺。工匠们要想在纯金、纯银上錾刻出千变万化的**浮雕图案**，就要用特制的工具——錾子。

你听，那"铛铛铛"的声音，从数千年前的历史中穿越过来了！

2014年北京"APEC"会议期间，在一声声"抓不起来"的感叹中，錾刻的**国礼《和美》**与各国元首开了一个小小的玩笑。

錾刻出《和美》这份国礼的人，正是"大国工匠"之一的**孟剑锋**，他展现了精湛的技艺和别出心裁的创意。

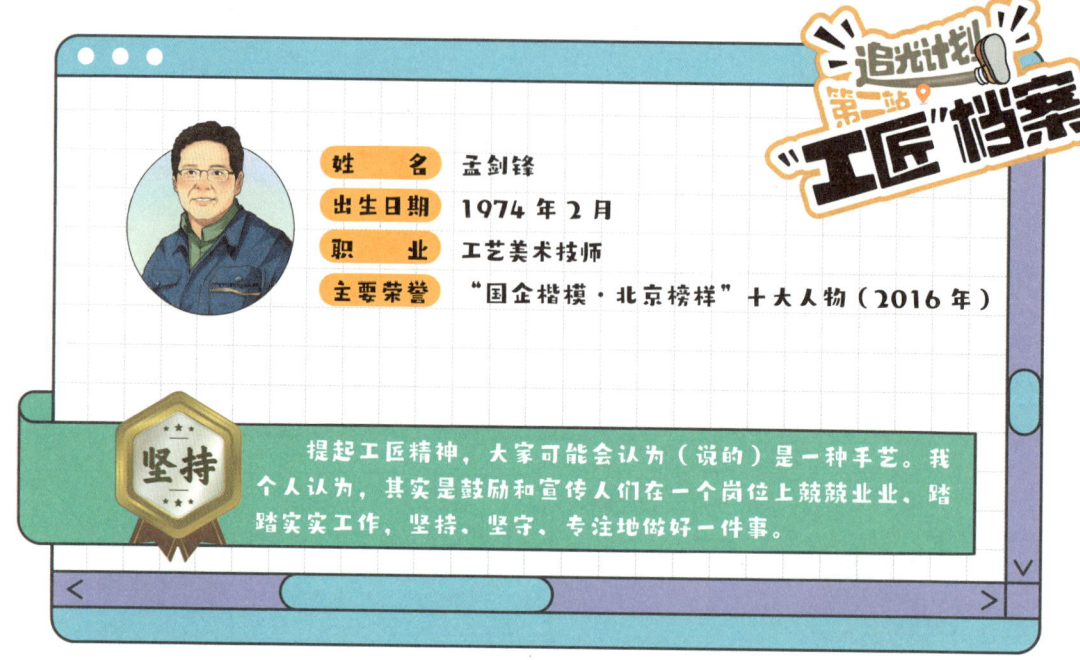

姓　　名	孟剑锋
出生日期	1974年2月
职　　业	工艺美术技师
主要荣誉	"国企楷模·北京榜样"十大人物（2016年）

坚持

提起工匠精神，大家可能会认为（说的）是一种手艺。我个人认为，其实是鼓励和宣传人们在一个岗位上兢兢业业、踏踏实实工作，坚持、坚守、专注地做好一件事。

从钳工到錾刻

孟剑锋11岁时，父亲因故去世了，为了减轻家里的经济负担，他决定出去找份工作，挣钱养家。

为了学一门手艺，母亲托人给他找了一份学钳工的临时工作。在做钳工的两年时间里，他把拉锯子、使用锉刀等这些基本功都练得非常扎实。

偶然一次机会，他听说北京的一家首饰公司在招工，便去面试了。在那里，他见到了以前从未见过的首饰加工设备，还遇见了很多技艺高超的中国工艺美术大师。

很幸运，因为有钳工的经验，当时才19岁的孟剑锋被录用了。他被安排到镶嵌车间学习"执模"。在这里，他踏实学艺，苦练基本功。

孟剑锋 ● 传承古法，让国礼出神入化

他发现，车间里一位老师傅有自己的"绝活儿"：不打草稿，直接用錾子在金片上雕刻图案。那图案栩栩如生（形容非常逼真，像活的一样），让他眼前一亮。孟剑锋那时候还不知道这门手艺叫"錾刻"，他觉得很有意思，于是决定去学这门手艺。之后，他便忙前忙后地给老师傅打下手，刻苦练习着枯燥的基本功，重复的动作练习了一年、两年，甚至三年。正当他灰心丧气时，老师傅对他说："坚持不一定成功，坚持到底就是成功。"就这样，在錾刻这条路上，孟剑锋坚持下来了。

> **知识链接**
> 錾刻：我国传统手工艺技法之一，主要应用素锤、小柳锤、羊角台和各种不同形状的錾子在金、银、铜器上加工出浮雕图案，使其产生出丰富多彩的艺术效果。錾刻工艺十分复杂，需要淬火、锻打、抛光、打磨等步骤。

机会都是留给有准备的人的，首饰公司转型时，孟剑锋的机会也来了。

让"绝活儿"走向世界

2000年以后，孟剑锋所在的公司开始制作各种奖章、奖牌。孟剑锋先是参与制作了"两弹一星"科学家奖章这项重大任务，并出色完成；接着，他成了2014年北京"APEC"会议国礼《和美》的主要制作者之一。

> **知识链接**
> "APEC"：中文全称为"亚太经济合作组织"，是亚太地区层级最高、领域最广、最具影响力的经济合作机制。1989年11月成立。其宗旨是：支持亚太区域经济可持续增长和繁荣，建设活力和谐的亚太大家庭，捍卫自由开放的贸易和投资，加速区域经济一体化进程，鼓励经济技术合作，保障人民安全，促进建设良好和可持续的商业环境。

国之脊梁·大国工匠

当孟剑锋和他的团队接下《和美》纯银錾刻丝巾果盘这项任务时，大家的内心都是忐忑的——一个金色的盘子里，叠放一条能以假乱真的银色丝巾，这种操作难度，前所未有。

"工欲善其事，必先利其器。"为了做出仿竹编果盘的粗糙感和丝巾的光感，孟剑锋重新打造錾刻所需要用到的錾子。孟剑锋反复琢磨、试验，前前后后做了近30把长短、大小都不一样的錾子，最小的一把，他在放大镜下做了5天才完成。

工具做好了，真正的挑战才刚刚开始。

接下来，他需要在0.6毫米厚的银片上錾刻丝巾，制作过程中但凡出现一点儿失误，整件作品都会成为残次品。

随着会议时间的临近，每天为錾刻方法冥思苦想（深沉地、非常用心地思索）的孟剑锋非常焦虑。他在100多片银片上来回试验之后，终于在尝试中得到了想要的效果。

为了制造出"零瑕疵"的国礼，孟剑锋坚持用纯手工的编织方式。因为银丝很容易变硬，所以要对银丝进行高温软化并需在温度降低之前迅速编织。滚烫的银丝在他的手上留下了一个个大水泡。就这样，他咬牙坚持奋战了3个月。后来他回忆说，感觉手上现在都还有那种被烫伤的痛感。

就是他这种对手工艺品精益求精、不断超越、追求极致的决心，才让"零瑕疵"的国礼在会议期间完美地呈现在世界各国的贵宾面前。

肩负传承的重担

錾刻这门手艺，在孟剑锋这里得到了完美的传承。

如今，孟剑锋带领着自己的徒弟，投身于浇铸工艺的研发工作之中。他们历经无数次的尝试与探索，通过持续不断地对工艺进行改进和优化，使铸造成品率实现了大幅提升。

传承的紧迫感在孟剑锋的心头与日俱增，他说他的任务就是传承，目标是带出好徒弟。所以，只要徒弟们愿意学，他都愿意倾囊相授，把他学到的、知道的都教给他们。他觉得，传承不光是传承一门手艺，更是传承中国五千年的文化。

錾刻是一门古老的手艺，只有不断地创新，不断地传承，才能将这门手艺延续下去。孟剑锋坚信，如今机械能制作出一些很好的手工艺品，但是錾刻这门工艺，能够在其他工艺的基础上起到画龙点睛的作用，它是带有温度的，是冰冷的机器无法替代的。

国之脊梁 · 大国工匠

在錾刻的传承中,孟剑锋是一位佼佼者。他匠心独运,从业 20 多年,一直**坚持行动,践行"工匠精神"**;他反复查阅资料,花费 3 000 多个小时,**攻克纯银铸造工艺的难题**;他**以出神入化的技艺,让錾刻这门古老技艺展现在世界舞台上**。正因为他与团队成员们对艺术的极致追求,中国制造才经受住了时代的考验,世界才得以见证中华工艺美术的巅峰。

看完孟剑锋"如切如磋,如琢如磨"的工匠故事之后,你是否被他追求极致的精神所打动呢?对传承中华传统文化又有了哪些新的理解呢?写下来,和小伙伴们分享一下吧!

宁允展：毫厘之间彰显"匠心"

扫码听音频

"哐当、哐当、哐当……"
在高铁出现之前，大多数人出远门只能选择声音大、速度慢的绿皮火车。

从和谐号到复兴号，一列列高铁能在祖国大地上飞驰，离不开每一个**高铁制造**工人的努力。其中，转向架作为高铁的"双腿"，其生产制造环节尤为重要。

转向架这个"飞毛腿"，它是怎么和轮子连接在一起的呢？这就不得不提到转向架的核心部位**定位臂**，"定位臂"是它的"脚踝"。

直到2008年的8月1日，中国第一条具有自主知识产权的高速铁路——京津城际铁路在京津冀地区正式通车。我们终于进入"唰唰唰"的高铁时代！

宁允展是国内首位从事高铁转向架"定位臂"研磨的工人，他在一次次研磨中，默默地为中国梦提速！

国之脊梁 · 大国工匠

追光计划 第二站 "工匠"档案

姓　　名：宁允展
出生日期：1972年3月
职　　业：钳工
主要荣誉：全国最美职工（2016年）
　　　　　全国敬业奉献模范（2017年）
　　　　　山东省省长质量奖（2019年）

认真

多向别人学习，工作中态度一定要认真，这是在日常工作中表现出来的。把活儿干好了，心里才舒服。如果这个活儿干得不好，心里就会不得劲儿。

追光计划 第三站 "工匠"故事

工匠之路的起点

宁允展出生于工匠家庭。童年时期，他常常跟着父亲摆弄工具，看着父亲将一块块普通的材料变成精致的物件，心中充满了好奇。在父亲的耳濡目染（耳朵经常听到，眼睛经常看到，不知不觉受到影响）下，他自幼便对各类手艺活儿产生了浓厚的兴趣。

当其他同龄的小朋友只能刻出一个木船模型时，8岁的他已经能用木板制作一艘结构完整的木船了。父亲看到了宁允展的天赋，所以在后来对于他报考铁路技校的选择，非常支持。

1991年毕业后，宁允展进入四方机车车辆厂（后为中车青岛四方机车车辆股份有限公司），成为一名车辆钳工。在实习期间，师傅对他说，钳工也叫"万能工"，不但要会钳工的各种操作，而且要会多种技能。

师傅的这句话,成了宁允展一生的追求。

> **知识链接**
>
> 高铁:全称"高速铁路",我国对高速铁路的定义是新建设计开行250千米/时(含预留)及以上动车组列车,初期运行速度不小于200千米/时的客运专线铁路。

当时的中国铁路,正处于蓬勃发展的变革时期。中华人民共和国成立初期,铁路平均运行时速仅约40千米,而到1994年广深准高速铁路成功通车,其最高时速已达160千米。广深准<u>高铁</u>开通运营,拉开了中国铁路提速的大幕。

要生产一列时速350千米的高铁列车,大概需要4万多个零部件。高铁生产过程中涉及机械、材料、电力电子、信息控制等众多技术领域。

宁允展深知自己肩负的责任重大,因此在工作之余,他自学电焊、机床等技能,不放过任何一个提升自己的机会。

他也深刻地明白,只有广泛涉猎各种技能,才能在面对复杂的问题时<u>融会贯通</u>(融合贯穿各方面的知识,得到全面、系统、透彻的理解),找到有效的解决方案。

国之脊梁 · 大国工匠

打破高铁转向架的生产瓶颈

中国高铁在1997—2007年这10年间实现了6次大提速。高速铁路的发展日新月异，宁允展也接连遇到新的机遇和挑战。

2006年，他迎来了职业生涯中的一次重大挑战——学习380A型列车转向架"定位臂"的精细研磨技术。

知识链接

转向架"定位臂"：它的作用是确保车轮与轨道之间的正确接触和稳定运动的。高速动车组在运行时速达200多千米的情况下，"定位臂"的接触面要承受相当于二三十吨的冲击力，按照工艺要求，必须确保"定位臂"和轮对节点有75%以上的接触面间隙小于0.05毫米，否则可能影响行车安全。

在国内并没有可供借鉴的成熟操作技术经验的情况下，宁允展主动请缨，挑战这项难度极高的研磨技术。这项工作对精度要求极高，因为"定位臂"经过机器粗加工之后，留给人工研磨的空间只有0.05毫米左右。如果磨得不够，精度就达不到要求；如果磨得多了，那价值十几万元的构架就报废了。可谓是方寸之间，尽显乾坤。

为了不被国外技术"卡脖子"，宁允展夜以继日地潜心琢磨，仅用一周时间，就熟练掌握了外方熟练工人需要几个月才能掌握的技术。

然而，后面高速动车组进入大批量生产后，传统的研磨方法效率太低了，根本满足不了生产需求。为了能让"定位臂"的研磨工作变得既好又快，宁允展自费购买了家用车床、打磨机和电焊机等设备，把家里30多平方米的小院改造成了一个"小车间"。白天，他在车间里虚心向师傅请教，仔细观察每一个操作细节，认真记录下每一个数据；晚上，他回到自己的"第二厂房"，继续钻研技术。

经过反复试验，宁允展终于成功突破了研磨瓶颈，发明了"风动砂轮纯手工研磨操作法"，还将研磨效率提高了1倍多，为高速动车组转向架的高质量、高产量的交出做出了突出贡献。

 把喜欢的事儿干到底

宁允展总说，要把喜欢的事儿干到底，这是人这辈子应该有的追求和理念。现在，不论是在高铁转向架"定位臂"的研磨精度还是研磨效率方面，宁允展的技术都已达到世界领先水平。

手持磨具的他，如今依旧坚持在一线工作，并且在工作中不断创新，潜心研究工艺改进和工装发明。好学的他，还主动学习了电焊、电脑绘图等技术。渐渐地，大家有问题都来请教宁允展，他成了生产线上"疑难杂症"的处理专家。

也正是因为宁允展的深入研究、大胆尝试，动车组、地铁排风消音器，动车定位臂螺纹引头定位工装等一系列发明应运而生（原指顺应天命而降生，后泛指随着某种形势而产生）。他的这些发明，不仅解决了实际生产中的难题，而且提高了生产效率和产品质量。

成绩的背后，是宁允展无数个日夜的辛勤付出，也是他对技术精益求精的执着追求，更是他对工匠精神的完美诠释。

宁允展对技术有着精益求精的态度，在高铁零件研磨这一精细领域不断追求卓越，以极致的标准对待每一个细节，确保高铁能够安全、平稳地在祖国大地上飞驰；他**立足本职岗位，刻苦钻研，凭借着顽强的毅力和不懈的努力，攻克了多道动车组转向架的制造难题**；他爱岗敬业，全身心地投入到工作中，无数个日夜的辛勤付出，只为实现自己的梦想。

小朋友们，我们也可以像宁允展叔叔一样，用心、努力地去做好每一件事，让自己在成长的道路上变得更加优秀哦！你们觉得自己可以从哪些方面开始努力呢？快写下来和大家说一说吧！

顾秋亮：为"蛟龙"点睛

扫码听音频

世界上最深的海沟——马里亚纳海沟，最深处为 11 034 米。2012 年 6 月，**中国"蛟龙号"**在这里完成 7 000 米级海试。

2024 年，"蛟龙号"从约 4 700 米的深海，带回了珊瑚、海参、海绵、海百合、海星 5 种代表性生物样品。"蛟龙号"还拍摄过很多神奇的深海生物。

要潜入深海，面对的可不止"凝望深渊"的恐怖，还要面临每下潜 10 米，人体承受的压力就会增加 1 个标准大气压的危险。

而载人潜水器要下潜几千米，拼装的每一步都必须要严丝合缝，比如"蛟龙号"的观察窗，玻璃与金属窗座之间的缝隙要控制在 0.2 丝以内，才能 100% 保证潜水员的安全。

顾秋亮多年来从事深海载人潜水器的钳工安装及科研试验工作，以他的**精湛技艺**和**不懈努力**，为"蛟龙号"一次次完成**潜海任务**做出了卓越贡献。

姓　名	顾秋亮
出生日期	1955年
籍　贯	江苏省无锡市
职　业	钳工
主要荣誉	江苏省技术能手（2008年） 蛟龙号应用性海试先进个人（2013年） 全国最美职工（2016年）

执着：机会留给有准备的人，勤动脑多动手，不要说做到最好，要做到更好。

成为"蛟龙号"装配组组长

顾秋亮是土生土长的无锡人。无锡是中国重要的工业城市，有着良好的工业基础和技术氛围。在这里长大的顾秋亮，在17岁那年选择了进入中国船舶重工集团公司第七〇二研究所当钳工。

钳工要掌握锯、锉、凿、钻、铰、铲、攻等基本功，要成为一名合格的钳工，就必须要把基本功练扎实，这样很多复杂的事情才能迎刃而解（比喻主要的问题得到解决，次要问题就很顺利解决）。再加上需常年住在所里，每个月只能回家一次，浓烈的思家之情与辛苦的工作日常，让刚进入所里的顾秋亮也打起了退堂鼓。但是，他的性格一向比较要强，加上师傅的耐心指导，他还是选择静下心来，苦练基本功。在顾秋亮的记忆里，那时白天、晚上

顾秋亮 为"蛟龙"点睛

自己都在练习,一边练一边琢磨怎么才能做到更好。那段时间,他的手累得连筷子都拿不稳了。

两年的时间,他用断了几十把锉刀,让自己手上的每一根神经都形成了工作记忆。在锉与磨的日子里,他也磨炼了自己的心性,手上的活儿也变得更有灵性了,做出来的工件得到了师傅的认可。

在这样一年又一年的琢磨中,他靠着眼睛的观察和手上的触摸感觉,逐渐从普通钳工磨成了工匠"顾两丝"。

2004年,"蛟龙号"开始组装,他被任命为"蛟龙号"载人潜水器装配组组长,负责带领全组成员积极配合设计人员,保证潜水器顺利完成总装联调。

> **知识链接**
> 顾两丝:即使在摇晃的海面上,顾秋亮纯手工打磨维修的潜水器密封面平面度也能控制在2丝以内,因而人们称呼顾秋亮为"顾两丝"。

向极限深度发起挑战

"蛟龙号"潜水器载人舱的观察窗,是它的"眼睛",是最"娇气"的部分,也是组装工作中要求最精细的活儿。在试验和装配的过程中,顾秋亮作为"蛟龙号"海上试验技术的保障骨干,从2009年至2012年,他全程参与了"蛟龙号"载人潜水器4个阶段的海上试验。

年逾50岁的他,经常工作到凌晨。白天他经常要忍受烈日的炙烤,在具有60多摄氏度高温的甲板上作业,夜里还要反复回想白天工作中遇到的困难,寻找解决方案。虽然条件艰苦,但"蛟龙号"4年的海试,他一次也不曾落下。他说:"在海上工作生活确实很苦很累,但我感到很兴奋、很自豪。不管是晚上加班到半夜还是早上五点半起床保养潜器,不管日晒还是雨淋,我感到很光荣,能为海试出一份力,我很骄傲,因为在祖国的深潜纪录中有我的汗水,光荣!"

为了祖国的荣誉,他甘之如饴(感觉像麦芽糖一样甜。比喻甘愿承受艰难困苦)。

2012年6月,顾秋亮随队参加了"蛟龙号"载人潜水器向7 000米的极限深度发起挑战的任务。这是一场惊心动魄的深海之旅,也是对顾秋亮和他的团队的严峻考验。

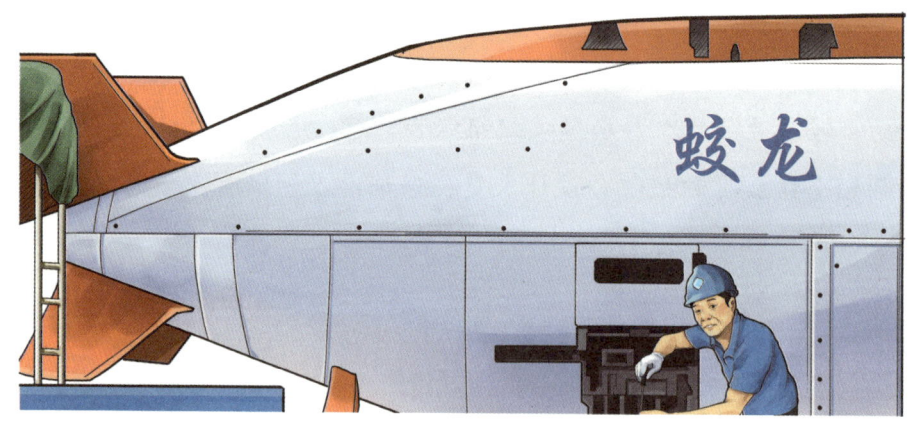

7 000米的深海,压力达到700个大气压,对潜水器的密封性能要求极高,这关乎3名下潜人员的生命安全。顾秋亮深知责任重大,他全力以赴,不放过任何一个细节。

安装过程困难重重。观察窗玻璃与金属窗座异体镶嵌,二者贴合精度需控制在0.2丝以内。这不容降低的设计要求,被顾秋亮和工友们视为生命线。他们以严谨的态度和高超的技艺完成了工作任务。

对于潜水器艏部两侧的测深侧扫声呐，为了达到安装要求，顾秋亮为其设计了专用的工装，绘制了安装工艺图；而针对艉部X型布置的稳定翼的安装，即使其结构复杂，他也采取了有效措施，在保证精度的同时，确保根部有足够强度，圆满完成了安装。

知识链接

声呐：利用水下声能来探测水中目标及其状态的仪器。它分为主动式和被动式两种。

 把汗水洒在祖国的深潜纪录中

从业多年来，顾秋亮用自己的双手，为"蛟龙号"一次次潜入深海做出了卓越贡献。岁月磨平了他手指上的纹理，却让这双纹理已不清晰的手成了心灵感知力的精准延伸器。

"蛟龙号"从50米、300米、1 000米，到3 000米、5 000米、7 000米海试，突破了中国载人深潜的纪录。每一次参与海试工作，顾秋亮都保质保量地完成了"蛟龙号"的部件拆装与维护。截至2024年2月23日，"蛟龙号"载人潜水器已完成了23次南大西洋下潜任务；截至2024年9月6日，成功完成2024西太平洋国际航次第14次下潜任务。

"我们的国家要强大，成为一个海洋强国，要有更多的工匠将图纸变成实物。人的天赋有大小，工匠精神就是要干一行、爱一行，对国家和自己都要负责任。"满身荣誉的他，参与了"蛟龙号"众多的重大装配研制任务。即使已经发色如霜，顾秋亮仍始终心系科研生产，被返聘后继续为国之重器发光发热。

顾秋亮几十年来一直践行着工匠精神，激励着后辈在追求卓越的道路上不断前行。这种精神，将成为推动国家发展、实现民族复兴的强大动力。

国之脊梁 大国工匠

顾秋亮，一位在钳工岗位上坚守几十年的**大国工匠**，他雕琢出过无数精密杰作。在"蛟龙号"载人潜水器的研制中，他担任装配保障组组长，凭借**精湛技艺**和**严谨态度，带领团队攻克重重难关，确保潜水器的精准装配**。从总装集成到海试维护，每一个环节都凝聚着他的心血与智慧。

顾秋亮对工作的执着与热爱，不仅成就了国家重大装备的辉煌，更诠释了**工匠精神**的深刻内涵。他用实际行动告诉我们，干一行、爱一行，对国家和自己负责，是工匠的使命与担当。

小朋友，看到我们国家的"蛟龙号"一次次向深海出发，看完顾秋亮叔叔的工作经历，你有什么想说的吗？快把你想说的话都写下来吧！

朱文立：执着"天青"终为"汝"

扫码听音频

汝瓷，创烧于北宋晚期，是宫廷御用的瓷器。其烧制难度极高，成品率也低，所以有句老话说："汝瓷一片值万贯。"

汝瓷存在的时间不过20年，后来金兵进入中原，北宋皇室南迁，汝窑也跟着消失了……

800多年来，陶瓷工匠们都在苦苦地寻觅着这一技艺，试图让国宝技艺重现。

但是，要烧制出天青色的汝瓷，难度堪比登天。

从烧制到出窑，会经历10多个工序，瓷器釉色会不断地变化……

朱文立是中国陶瓷艺术大师，1987年，他成功研制了汝官瓷天青釉，**使断代800多年的汝瓷再现**，惊艳了世人。

国之脊梁·大国工匠

"工匠"档案

- 姓　　名　朱文立
- 出生日期　1950年9月
- 籍　　贯　河南省汝州市
- 职　　业　汝瓷烧制技艺大师
- 主要荣誉　中国陶瓷艺术大师（2010年）
  中国陶瓷艺术、设计、教育终身成就奖（2019年）

坚持　每一名汝瓷工匠都要去追求完美，才能保证汝瓷的高品质内涵。

工匠故事

退役军人成烧窑工人

朱文立出生于宋代官窑主要生产地的汝州。小时候，朱立文的梦想是当兵，长大后他也如愿参军。20世纪70年代，朱文立退伍转业后来到汝州临汝二厂当临时工。

自那时起，他便与汝瓷结下了不解之缘，以至于耗尽了他一生的光阴。用朱文立的话说，"是命运选择了我与汝瓷结缘"。

北宋晚期创制的汝瓷，被视为中国瓷器烧制的技艺巅峰。但是它仅存在了20年，就消失在了漫长的历史长河里，犹如昙花一现。

此后，一代代的陶瓷工匠为了让汝瓷

重现于世,呕心沥血(形容费尽心思,耗尽心血)试图去仿制,却都难以让它重现。

读高中的时候,朱文立就很喜欢化学,还很爱钻研。一开始,他在实验组研制临汝瓷豆绿釉,经过认真研究,他发表了临汝瓷豆绿釉研制过程的论文。也正因为如此,1984年,当时的国家轻工业部、河南省科委组建汝瓷天青釉联合攻关小组,朱文立也成为其中一员。但是后来因为大家都没找到烧制方法,科研经费也耗尽了,小组在两年之后便解散了。

大家纷纷感慨:"研究天青釉难,难于上青天。"

> **知识链接**
>
> 天青釉:其名出自五代后周柴世宗批语:"雨过天青云破处,这般颜色做将来。"从传世作品看,宋代汝窑制品即是天青釉。

让汝瓷再现于世

虽然小组解散了,但是朱文立并没有放弃。他立志一定要让汝瓷重现于世,并决定身体力行地去做这件事。

那些年,朱文立日夜埋头研究,他要去数千米之外的地方找料、调配、烧窑。一窑瓷器通常要烧好几天,烧制的过程也十分复杂,要经过十几个烧制阶段,每个阶段的釉色都会有不同的变化。为了得到每次烧窑的数据,朱文立没日没夜地守在窑边,观察火照和温度。有时候累到没知觉了,等窑火停了之后,他一沾床就睡过去了。

有报道数据记录,从1982年到1987年,他找釉料的行程有5 000多千米,从山上背下来的釉料石块大概有15吨。他一次次试验,调配各种原料的比例,更换各种可能的火候,每个配方至少烧3次。就这样,几年下来,他砸碎的残瓷片差不多有5吨重。

国之脊梁·大国工匠

从找原料到烧窑,朱文立不顾山长水远,一次次研发新的配方,无数次的试验、记录,在历经1 500多次失败之后,终于研制出了天青釉。这一巨大的成功,填补了汝瓷的空白。从此,汝瓷之美得以重现世间。当时,距离朱文立投身破解汝瓷之谜已整整13年。

1988年,朱文立研制的天青釉通过了国家鉴定;1994年,该项成果被联合国技术信息促进系统授予发明创新科技之星奖。历尽千辛万苦,朱文立终于实现了自己的愿望,让断代800多年的汝瓷再次轰动全世界。

这一次的成功并没有让朱文立停下脚步,他觉得这只是巧合,自己并没有掌握真正成熟的技术。

汝瓷的烧制技艺很独特,与其他陶瓷不同,它有一个二次窑变的过程,这个奇妙的化学变化,会让陶瓷从豆青变成天青,而这个变色的秘密,至今无人能解。

朱文立又踏上了寻找的路程。为了找到更多的古汝瓷残片,掌握烧制汝瓷的核心技术,40多年来,他跑了汝州无数个工地,走遍大街小巷,发

现了 10 多个古窑址，只为寻到那 800 多年前的 吉光片羽（比喻残存的艺术珍品和古代文物）。

"600 多个配方，我配了将近 300 个，人的一生中就是不断追求，你不能说固定一个配方我就满足于现状，这样对历史不负责，对后人不负责。"

汝瓷的烧制太难了，朱文立至今还在为寻找更多新配方努力着。

"不能让咱们的宝贝再失传"

为了让汝瓷艺术更好地延续下去，朱文立非常注重技术的传承。在过去，艺术是代代相传的，但是很多艺术都仅仅在世家之间传承，普通人可能没有机会接触到一些精髓。

朱文立决定打破这种传承方式。除了手把手教女儿烧制汝瓷的知识，他还收了好几个徒弟，亲自给他们传授技艺。如今，他的事业已经走出了汝州，汝瓷的烧制技术和文化正在更多的地方开花结果。

朱文立拼尽一生，辛勤探索，他整理的汝瓷制作技艺理论和工艺体系，为我国汝瓷业的发展提供了极大的助力。

如今，他还在孜孜不倦地搞研究，每天工作 10 个小时以上。"目前，我正带着女儿朱宇华寻找能配出二次窑变天青色的釉用原料。不能让咱们的宝贝再失传了，坚守制瓷人的责任，在传承守护时从基础开始实践每一道工序，认真研究汝瓷烧制技艺，这是值得我穷尽一生的事业。"

国之脊梁・大国工匠

朱文立，他用一生诠释了对传统文化的**热爱与坚守**，为后人树立了榜样。他的故事激励着我们在各自的领域里**精益求精**，为传承和弘扬中华民族的优秀传统文化贡献自己的力量。

他以非凡的毅力和执着的精神，致力于汝瓷烧制技艺的研究，历经无数次失败，成功烧出汝官窑天青釉，填补了我国汝瓷的空白，让断代800多年的汝瓷重现于世。40多年来，他还完成了多项重要攻关项目，先后恢复了汝窑天青釉，北宋官窑独特粉青釉，临汝窑豆绿釉、月白釉、天蓝釉等传统名瓷名釉。

小朋友，在朱文立叔叔的故事里，你读到了什么？快写下来和同学们分享一下吧！

彭祥华：炸开"天路"的爆破王

扫码听音频

2006年，青藏铁路全线通车，这条"天路"让雪域高原与内地紧密相连。

继青藏铁路开通之后，我国的另一条"**天路**"——**川藏铁路**也紧锣密鼓地筹备起来了。

要让铁路从一座座高山中穿山而过，就需要爆破工人上场了。这可不是随便放置炸药就能完成的工作。

装填、安放炸药，都是要精确到毫克、毫米的事情。每一次爆破后，都要仔细检查是否存在漏水、哑炮等隐患，每一步都是在和死神博弈。

彭祥华，从"**木匠**"到"**爆破王**"，凭借精准爆破的过硬技术，为川藏铁路工程做出了卓越贡献，成了名副其实的"大国工匠"。

国之脊梁·大国工匠

追光计划 第二站 "工匠"档案

姓　　名	彭祥华
出生日期	1969年6月
籍　　贯	重庆市
职　　业	爆破高级技师
主要荣誉	中华全国铁路总工会"火车头奖章"（2017年） 中国中铁"十大专家型工人"（2017年） 全国五一劳动奖章（2019年）

精湛　炸药要多少量，炮眼要多深，一丝一毫都不能马虎，这些都是精细活。

追光计划 第三站 "工匠"故事

 半路出家的爆破工

彭祥华出生于重庆铜梁的一户乡村家庭。他的父亲是中铁二局的木工班班长，常年在外工作。初中毕业后，彭祥华跟着爷爷和外公谋生。他的爷爷是杀猪的，外公也是木工。

父亲退休后希望他也去做木工，但彭祥华觉得在中铁二局做木工"性价比不高"，还不如跟着爷爷和外公干活挣得多。在母亲的开导下，25岁的彭祥华最终来到福建，进入中铁二局的一个隧道工程组做木工，从此与隧道结下了不解之缘。

在隧道工程组里，踏实肯干的

彭祥华很快就掌握了先进的木工技术，还当上了木工班的班长。学有余力的他开始学习其他领域的知识。1997年，他参与朔黄铁路建设时开始接触隧道爆破技术，并产生了浓厚的兴趣。

于是，他一边做好本职工作，一边努力学习爆破技术，很快就熟练掌握了隧道开挖爆破技术。谁也想不到，这个半路出家的爆破工，日后会成为"爆破大王"。

1998年，彭祥华刚成为爆破工不久，就遇到了让他始终难忘的一次危险经历：在隧道作业时，他突然听到头顶有沙土滑落的声音，彭祥华立即组织工友紧急撤离，所有人刚走出隧道，就听到"轰隆"一声巨响，隧道塌方了。

这次与死神擦肩而过的经历，让彭祥华深刻认识到：一名优秀的爆破工必须眼观六路、耳听八方。

精准打通川藏天路

为了保障自己和工友们的安全，彭祥华意识到仅靠精准的眼光和灵敏的听觉是不够的，还需要不断学习爆破技术。正因为他不断学习技术，提升专业能力，一个又一个艰难的爆破任务，才被他安全、出色地完成了。

> **知识链接**
> 青藏铁路：从青海省西宁到西藏自治区拉萨。世界上最长和海拔最高的高原铁路。最高点唐古拉山口，海拔5 072米。

2001年，他参与修建青藏铁路，通过与全国顶尖的专家沟通、学习，并结合现场实际情况，彭祥华解决了冻土条件下的爆破难题。对待爆破工作一丝不苟的他，逐渐成了大家心中的"定心丸"。

2015年，川藏铁路拉萨至林芝段全面开工。这一段地质条件非常复杂，生态脆弱，施工要求非常高。要在这里完成爆破任务，将隧道炸开，难度巨大，因此必须要找一个胆大、心细、技术精的爆破工。领导们想到了彭祥华。彭祥华二话不说，接下了这个艰巨的任务。

实施爆破前，要进行地质勘探。为了得到更全面的地质资料，勘探人员要在悬崖峭壁上记录地质情况，脚下就是波涛汹涌的雅鲁藏布江。在其他人都踌躇不前时，彭祥华果断接下了这个"苦差事"。

勘探工作结束，接下来要进行爆破了。为了实施精准爆破，彭祥华亲自装炸药，精准控制炸药量。此外，他还亲自去安放炸药，炮孔的间距和深度，他都以毫米为单位计算，最大限度减少误差。

在一次精准爆破之后，彭祥华最担心的事情还是发生了。青藏高原山体内蓄水大量地涌流出来，这是隧道爆破最怕出现的情况。一旦水势变大，岩体被泡软，塌方事故随时可能发生，之前挖好的隧道也会全部报废。

设计院、监理、施工单位等多方紧急召开研讨会，最后大家一致同意，按照彭祥华提出的"再爆一炮"的方案执行工作。为了工友们的安全，彭祥华义无反顾(道义上只有勇往直前，不容徘徊退缩)地带着炸药雷管进入了隧道。

巨大的爆破声再次冲破隧道，浓烟冒出洞口。随后，他再次走入爆破现场，检查是否存在哑炮。最终，彭祥华检查后，确认隧道爆破工作安全完成。

从此，天堑变坦途。

2021年6月25日，川藏铁路拉萨至林芝段开通运营，一列列复兴号列车在铁路上飞驰而过。

在隧道里刻下功与名

"我来！"这是彭祥华经常挂在嘴边的一句话。虽然现在设备更先进了，但是遇到复杂的地形，爆破仍需人工操作。为了工友们的安全，他永远是冲在最前面的那个人。

从事爆破工作之后，彭祥华先后掌握了隧道开挖爆破技术、隧道施工软岩大变形施工等关键技术，成为闻名的"爆破王"。凭着在川藏铁路修建中做出的突出贡献，彭祥华获得了多项荣誉。如今的他仍然四处奔波，奋战在各个项目的爆破一线，还把自己掌握的爆破技术传授给更多的年轻人。

隧道爆破工人最希望看到的，就是隧道贯通的那一刻。隧道贯通的时候，隧道外面的阳光照进来，那时工人们的心情都是暖洋洋的。彭祥华说："干了这么多年，遇到再大的难题，我心里只有一个想法，就是一定要看到那束光。"

彭祥华致力于隧道爆破工作，20多年来，他多次与死神擦肩而过。**他以精湛的技艺和无畏的勇气**，一次次完成了艰巨的任务。在恶劣的工作环境下，他**不畏艰险，精确计算，把控爆破参数，保障工程安全与质量**，为国家基础设施建设立下了汗马功劳。他的工作成就不仅体现在一个个顺利贯通的隧道中，更体现在他展现出的**敬业精神和专业素养**中。

彭祥华的故事是对工匠精神的完美诠释。他用执着与坚守，告诉我们无论从事何种职业，只要心怀热爱、追求卓越，都能在自己的领域发光发热。

小朋友，读完"爆破王"彭祥华叔叔的故事，你有没有觉得他超酷呢？在他的爆破工作中，你看到了什么，有什么感悟呢？快写下来，和同学们交流吧！

周平红：勇闯内镜医学"无人区"

扫码听音频

追光计划 第一站 漫画"工匠"

手术刀是外科医生最基本的"武器"。只是，用手术刀做手术，伤口通常相对较大。

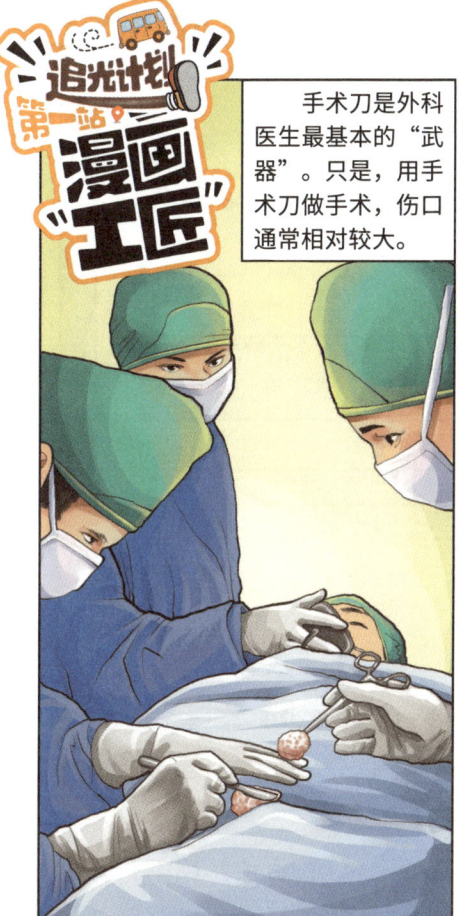

做手术时，还有一个很重要的工具——内镜。它被称为"医生的眼和手的延伸"。最早的胃镜，是1868年德国人库斯莫尔借鉴江湖吞剑术发明的。

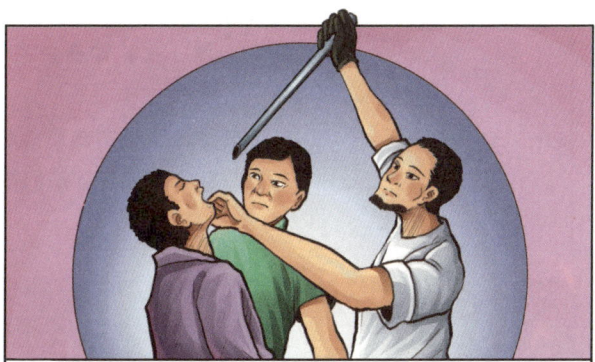

过去，内镜只是一种常用的医疗诊断工具。如今，包括早期癌症在内的很多消化道病变都能够采用内镜微创切除手术治疗。

用3个词形容这一手术的步骤就是："**剥皮、挖瘤、打洞。**"这些简单直白的字眼看起来很恐怖，但它们却能最大限度地减轻病人的痛苦。

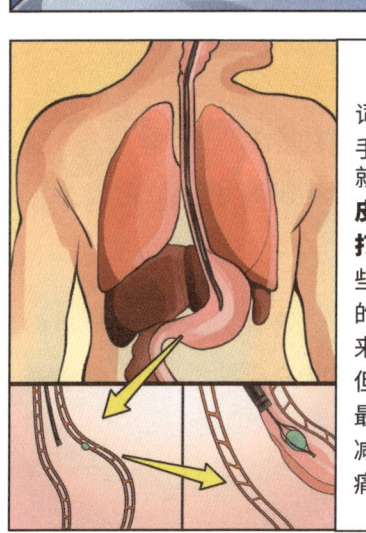

周平红是**中国消化内镜微创手术世界演示第一人**，他胆大心细，志气高，用内镜治疗"划"开了世界大门，奠定了中国在消化内镜领域的领先地位。

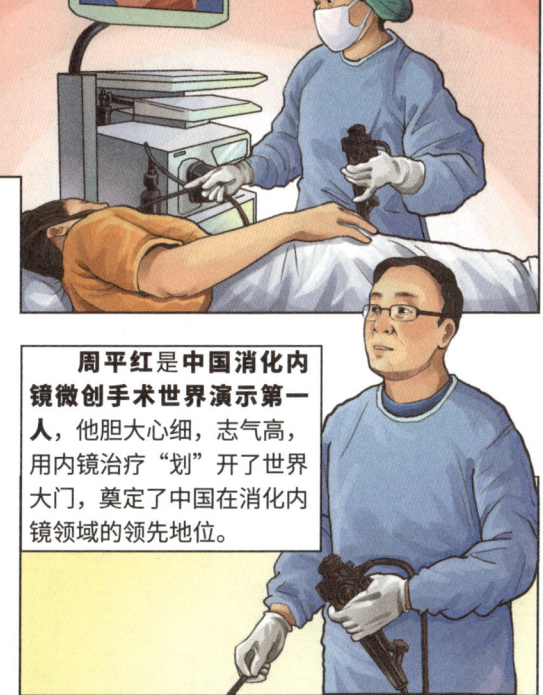

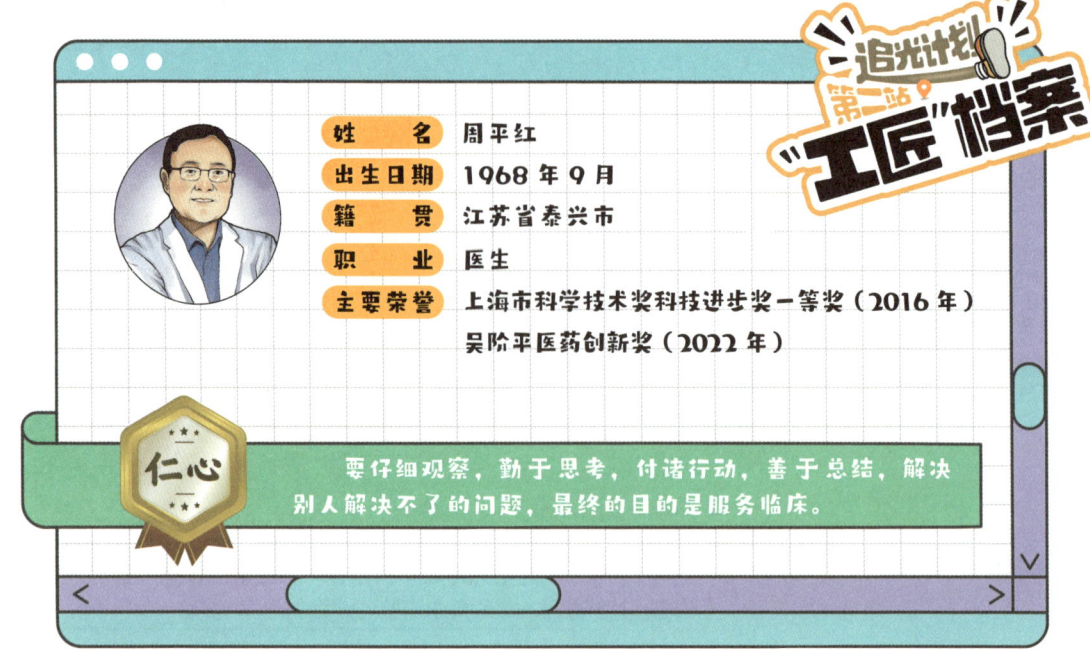

姓　　名	周平红
出生日期	1968年9月
籍　　贯	江苏省泰兴市
职　　业	医生
主要荣誉	上海市科学技术奖科技进步奖一等奖（2016年） 吴阶平医药创新奖（2022年）

仁心：要仔细观察，勤于思考，付诸行动，善于总结，解决别人解决不了的问题，最终的目的是服务临床。

踏上医学之路

1968年，周平红出生于江苏泰兴一个贫困的农村家庭。有一年夏天，他的肚子疼得厉害。外婆请来了赤脚医生，医生几针下去，周平红的疼痛感立刻消失了。那一刻，医生的形象在他心中变得很不一样。

在他10岁时，父亲便离世了，这让本就贫穷的家庭雪上加霜（比喻灾祸接连而至，苦上加苦）。中考之后，周平红虽然考到了县城高中，但是因为家里没钱，他一度面临辍学。最终，他在可免去学费的中学读完了高中。

高考填报志愿的时候，他填报了上海医科大学。等收到录取通知书的那天，他得知自己的分数超过了当年清华大学的录取分数线，但是他还是选择了上海医科大学。

周平红 • 勇闯内镜医学"无人区"

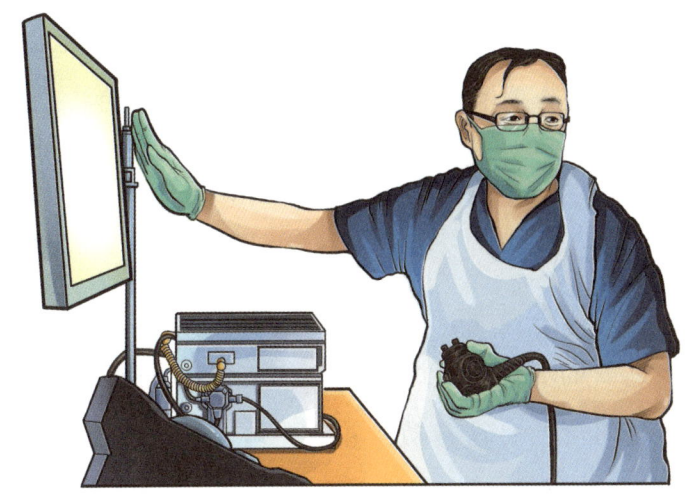

1992年7月大学毕业,周平红被分配到中山医院普外科。当时,这个科室的患者并不多,他有时上午做手术,下午就可以去图书馆看书。

悠闲的日子让他感觉很不习惯,恰逢中山医院内镜中心急需"新鲜血液",他就主动要求调去乏人问津的内镜中心学习。

2004年,周平红抱着"多掌握一门技术"的心态,听从医院给出的建议,开始一边做外科手术,一边做内镜治疗。从此,他便踏上了内镜微创治疗消化道疾病的探索之路。

让"不可能"成为"可能"

> **知识链接**
>
> 内镜治疗:经内镜在直接窥视下或在显示屏显像监视下借助特制器械进行治疗的方法。由于损伤小,广泛应用于内、外、妇、儿等科。常用于切除肿瘤,吸除分泌物,摘除异物,扩张狭窄,注射药物,粉碎结石,切除病变器官、组织等。

为了减轻病人的苦痛,周平红想通过内镜治疗的微创技术创新,以减少传统外科手术对病人体表及器官的大面积创伤。因为伤口越小,病人术后恢复就会越快,生活质量也会更好。

2006年,他出国进修,回来后他便开始着手在国内尝试内镜黏膜下剥离术。当时,国内很多人反对这样的操作,但是胆大心细的他,去附近的肉联厂买来猪肚、猪肠,反复练习操作手法。经过多次尝试和练习，第一例手术大功告成。之后，他又把这项技术应用到合并癌的内镜微创切除手术中，免除了病人开胸开腹的痛苦。

周平红成了国内使用内镜黏膜下剥离术同时治疗胃癌、肠癌、大肠癌的第一人。

在医疗领域，要提升医疗服务质量，就要进行理念创新、器械创新和技术创新。周平红说过，创新的灵感来自临床痛点，来自医生和患者的迫切需求。要仔细观察，勤于思考，付诸行动，善于总结，解决别人解决不了的问题，最终的目的是服务临床。

为此，他不断突破自己的瓶颈，扩大自己的救治人群。从百岁老人到不足月的婴儿，他都悉心救治。当一个被吞咽困难折磨了40年的百岁老人，被周平红用微创手术治好其贲门失弛缓症后，他哽咽地拉着周平红的手说："周教授，40年来我从没有像今天这样顺畅吃口饭。"一个先天幽门肥厚的宝宝，反复吐奶，无法正常进食，最后在周平红的治疗下，终于恢复了正常饮食……

在内镜微创治疗领域，敢作敢为（形容办事勇敢，无所畏惧）的周平红，把这些在其他人眼里"不可能"做的手术，都变成了"可能"。

2024年，一名巴布亚新几内亚患者慕名来到中山医院，他被诊断患有十二指肠多发黏膜下肿瘤。周平红利用镜下切开刀进行精细操作，仅用20分钟就完成了手术。这场如同"在气球上切豆腐"的手术，再次证明周平红突破了一系列"禁区"。

医疗领域的创新之路没有尽头，如今，周平红又带领团队开发国产化内镜诊疗设备、生物制剂平台和内镜人工智能系统，包括未来内镜机器人和导航技术，各种缝合器械等。他试图用科技的力量，做更精准、更安全的治疗。

向世界推广中国技术

周平红首创的内镜黏膜下挖除术、全层切除术和隧道切除术,已经遥遥领先欧美。在德国国际消化内镜大会上,周平红首次演示了他首创的内镜手术相关技艺。提及未来的目标,已经站到了世界消化内镜舞台中央的周平红说:"要有三个小小的梦想,那就是要实现病人回头看、同行点头看、世界抬头看。"

在内镜微创世界里,周平红手持内镜设备,为许多患有消化道疾病的病人减少了病痛。

为了推广技术,近十年来,他带着团队成员在世界各地进行演讲和手术演示300多次,培训了包括美国梅奥诊所、斯坦福大学附属医院在内的国外学员100多名。周平红说:"医疗技术没有国界,我们以前向国外学习内镜技术,如今我们有责任有义务,将更先进的内镜技术推出去,造福全人类。"

他敢于挑战,勇于创新,用先进的技术为中国赢得了内镜医疗领域的国际话语权。

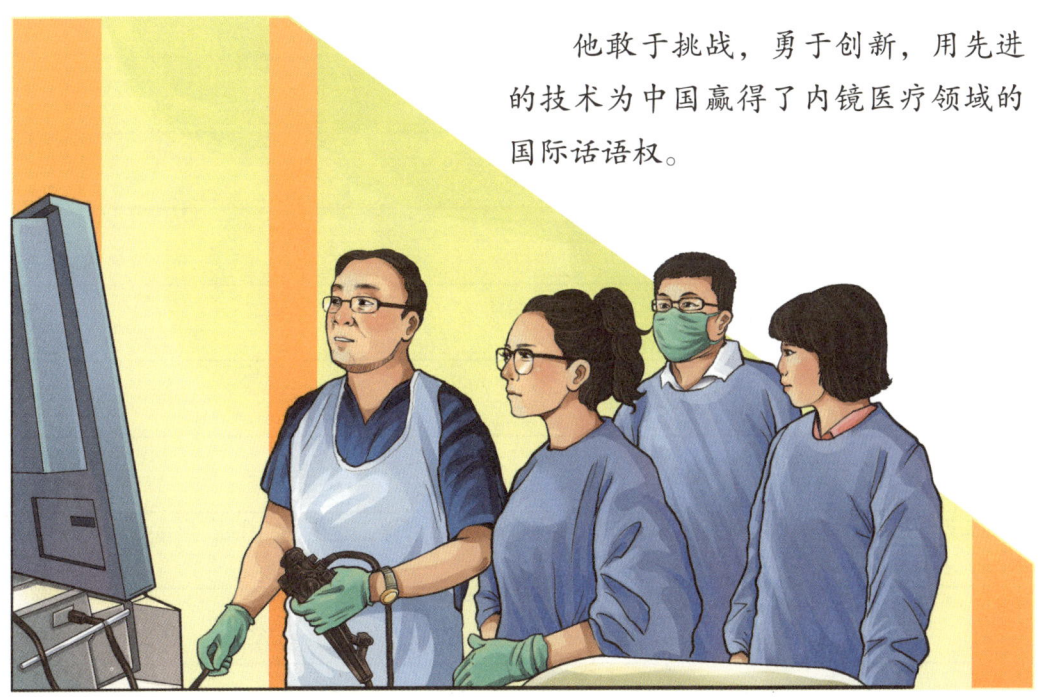

大国工匠

周平红，精研内镜医学，不断突破、创新，他带领团队攻克内镜手术技术难关，创建食管疾病内镜微创治疗技术体系，改写国际治疗指南。周平红团队的项目"内镜微创治疗食管疾病技术体系的创建与推广"荣获国家科学技术进步奖二等奖。他将经口内镜下肌切开术发展为治疗贲门失弛缓症的首选。

在国际舞台上，周平红的创新成果被推广至 31 个国家和地区的 412 家医院，让"中国标准"走向了世界。**他以创新、坚守和担当，在内镜微创领域书写了属于中国医者的传奇，** 为全球消化内镜诊疗技术的发展做出了重要贡献，成为广大医者心中的楷模。

小朋友，周平红叔叔的故事给你带来了什么启发呢？快写下来吧！

潘从明：废中取宝，点石成金

扫码听音频

追光计划 第一站 漫画"工匠"

贵金属，是有色金属的一类。它包括金、银、铂、铱、钌、铑、钯、锇8种金属元素。

天宫空间站、蛟龙号、悟空号、墨子号等大国重器，一旦缺少了贵金属，就难以问世。其中铂族金属被称为"**工业维生素**"，具有较高熔点。

为了摆脱中国高端制造业的多处"卡脖子"困境，一代代的贵金属冶炼人，从堆积如山的废弃矿渣中，提炼出了铂族贵金属。

73吨 小麦 + 15吨 对虾 → 铂族贵金属 500克

20世纪五六十年代，为了发展"两弹一星"，我国要用73吨优质小麦、15吨上等对虾，才能从国外换取500克铂族贵金属。

潘从明工作20多年，与800多个化学方程式日夜"周旋"，提炼出了纯度达99.99%的贵金属，填补了国内外贵金属资源综合利用技术的多项空白，为国家发展做出了伟大贡献。

国之脊梁 · 大国工匠

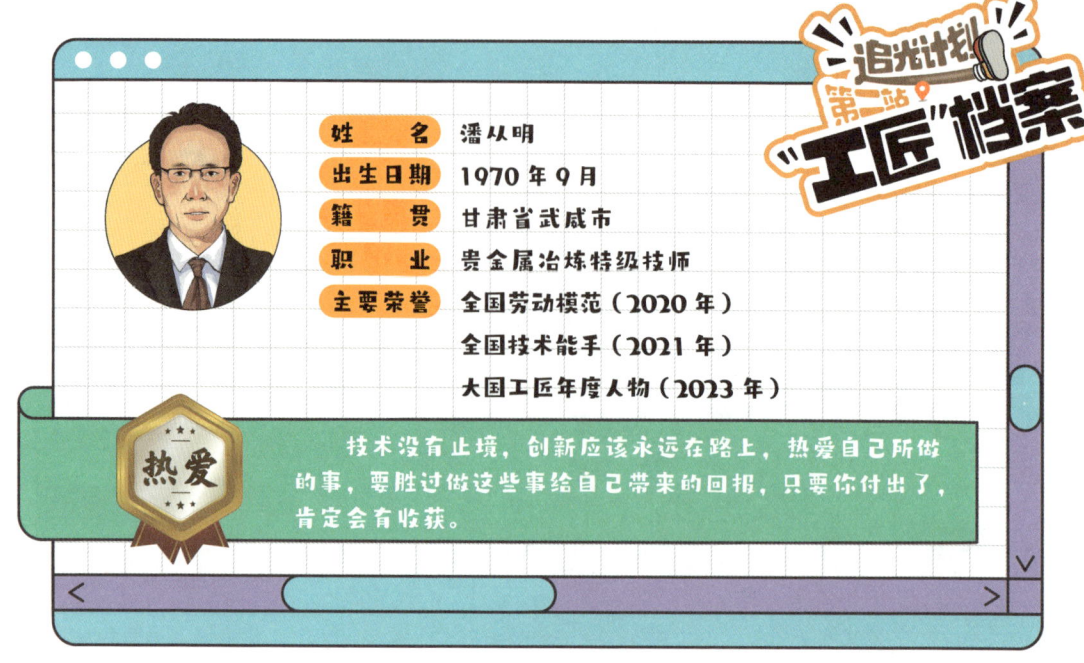

追光计划 第二站 "工匠"档案

姓　　名	潘从明
出生日期	1970 年 9 月
籍　　贯	甘肃省武威市
职　　业	贵金属冶炼特级技师
主要荣誉	全国劳动模范（2020 年） 全国技术能手（2021 年） 大国工匠年度人物（2023 年）

热爱：技术没有止境，创新应该永远在路上，热爱自己所做的事，要胜过做这些事给自己带来的回报，只要你付出了，肯定会有收获。

追光计划 第三站 "工匠"故事

 ## 踏上废中取宝之路

贵金属在地球上是极其罕见的，想要从工业废料中将贵金属提取出来，需经过 20 多道工序，达到 200 多个技术控制指标。而位于甘肃省的金川集团，是世界上唯一能够同时生产 8 种贵金属产品的企业。

1996 年，从原来的金川公司技校铸造专业毕业后，潘从明被分配到了金川公司贵金属车间负责贵金属提纯工作。

刚进工厂，专业又不对口，潘从明对什么都感到新鲜，从工作台上的烧杯、坩埚和蒸馏器，到复杂的化学方程式……虽

然刚开始潘从明对它们一窍不通（一点儿也不开窍，比喻什么都不懂），但他并没有被困难吓倒。白天他把老师傅们讲的内容铭记于心，晚上回忆这些知识，复习到凌晨两三点都是常事。

就这样，不甘人后的潘从明像小学生一样，抓住一切可以学习的机会从头学，奋起直追的他知道"不仅要学会如何干，还要多问个为什么"。师傅们的实操技术虽然很熟练，但是其中的化学原理，他们也说不清楚。

为了吃透那些化学原理，他委托亲朋好友从外地帮忙搜罗国内外的专业书籍，开始自学。企业邀请专业老师培养员工时，潘从明会紧紧抓住这个学习机会，甚至晚上宁愿不睡觉也要记录，有时看书有了灵感，还会直奔实验室，通宵做实验。

人贵有恒，开启自学模式之后，潘从明逐渐对贵金属提纯的工作了然于心（心里十分清楚），就这样凭着过硬的技术，他成了这个岗位的"师傅"，一步步走出了一条工匠之路。

 精益求"金"

1999年，金川公司铂钯班的产品质量出现了严重问题，一年生产的钯有多个批次不合格。为了解决这个严重的生产问题，领导派潘从明到铂钯班跟班作业。经过连续数月的跟班操作，潘从明发现了问题关键——有的员工偷懒，在操作时缩减了工作流程，从而导致产品的质量大打折扣。

为了更好地判别贵金属提纯后还有哪些杂质，潘从明继续从书中寻找解决方法。经过上千次的记录观察、实验验证，他淬炼出了一个绝技——颜色判断法，通过颜色就能判断贵金属的精准度和纯度。他的这一绝技，为贵金属提纯开创了新篇章。

国之脊梁·大国工匠

地球上的矿产资源是有限的，随着时代的发展，大量的汽车及电子产品等各类工业废料越来越多。而这些工业废料里，含有大量的贵金属，如果没有一套国际领先的提纯工艺和精炼技术，我国航空航天、精密电子等产业的持续发展就要被国外贵金属技术扼住"喉咙"了。

> **知识链接**
>
> 铂族金属：钌（liǎo）、铑（lǎo）、钯（bǎ）、锇（é）、铱（yī）、铂（bó）6种元素的统称。铂族金属的熔点很高，性质稳定，在自然界中绝大部分以游离态存在。

潘从明在2009年被聘为提纯班班长后，为了提高贵金属提纯效率，他"啃"了上百本专业书籍，写下几十万字学习笔记，不断地调整工艺，提高精炼效率，最终带领团队攻克了"镍阳极泥中铂钯铑铱绿色高效提取技术"，能从成吨的镍矿废渣中提取出6种铂族金属，且每一种贵金属的纯度都是99.99%。这项技术，解决了传统工艺贵金属回收率低、加工成本高、污染物排放量大等难题。2018年，该技术经中国有色金属工业协会组织专家鉴定，已整体达到了国际先进水平。

随后，"复杂原料中铜贵金属协同高效提炼技术""贵金属废气净化与回收"两个世界性技术难题也被潘从明一一攻克。他用技术改变了我国贵金属冶炼长时间依赖国外技术的局面，为我国贵金属的冶炼生产解决了诸多难题。

2020年1月,"镍阳极泥中铂钯铑铱绿色高效提取技术"项目获得了国家科学技术进步奖二等奖。

 技术没有止境

在同事眼中,潘从明是个闲不下来的人,他热爱自己的工作,常常沉浸在"铂族世界"里。在他眼里,贵金属生产工艺的优化、改进与冶炼,是一件非常有吸引力的事情。

潘从明团队对贵金属生产工艺的创新和改进,实实在在地解决了生产中的问题,使铂族金属生产线年产能从一开始的400千克发展到现在的4 500千克以上。公司实现了贵金属产品连续30多年保持99.99%的纯度、一级品级率达到100%的奇迹。

在各类二次资源的综合回收项目中,城市废弃金属材料被潘从明变废为宝。他与团队成员着手研发回收技术,新建一、二次资源综合利用项目,将铂族金属的年产量提升到7 000千克以上,为国家贵金属资源供给提供了有力的保障。

他先后承担国家和省(部)级重点科研项目9项,完成各类创新项目228项,拥有国家授权专利43项,在核心期刊上发表科技论文21篇。他说:"技术没有止境,也没有最好,只有往更好的方向走,把技术做优做强。"

即使获得诸多成就与荣誉,潘从明依然坚持奋战在贵金属生产一线,以身作则(拿自身的实际行动给人做出榜样),带领年轻人为我国贵金属冶金技术向高、精、尖方向发展做贡献。

国之脊梁 · 大国工匠

潘从明无比热爱贵金属冶炼事业，他发明的"颜色判断法"，仅凭溶液颜色便能准确判断99.99%产品纯度，成为铂族金属精炼师的"绝技"。他不仅脚踏实地地做好本职工作，还积极利用业余时间编写教材，积极主动地承担技艺传承的工作。

他以坚持不懈的钻研精神、勇于创新的实践精神，从一线普通工人成为大国工匠。他的经历激励着每一位劳动者**坚守岗位、努力奋斗、勇于创新**，在平凡的岗位上成就不平凡的人生。潘从明在贵金属冶炼的舞台上，书写了属于自己的辉煌篇章，也为我国的工业发展增加了浓墨重彩的一笔。

小朋友，阅读了潘从明叔叔为热爱的事业用心付出的故事，你有什么启发呢？如果想要坚持做自己热爱的事情，你觉得自己可以怎么做呢？把你的想法都写下来吧！

张冬梅：用匠心打造"良心药"

扫码听音频

追光计划 第一站 漫画"工匠"

1798年，吴瑭著成《温病条辨》，**安宫牛黄丸**正式问世。其后，同仁堂开始生产安宫牛黄丸。

安宫牛黄丸被**中医**奉为救命"神药"。它可以医治高热昏迷、中风、脑出血等急重症，关键时候，能救人一命。

2014年，这颗小药丸的生产制作技艺被列为**国家级非物质文化遗产**。

制作这一颗颗的"神药"，还不能用机器代替，只能由药师们亲手制作。每一道看似简单的工序，其背后都有独特的"门道"。

手工制作的安宫牛黄丸，每一丸药大约3克，同仁堂首席技师张冬梅，手工搓丸一次成型率可以达到百分之百。40多年来，她"**就干一蜜丸**"，在危急关头挽救了很多生命。

姓　　名	张冬梅
出生日期	1965 年 4 月
职　　业	中药塑丸工
主要荣誉	北京市总工会"工人先锋号"（2009 年） 北京市劳动模范（2010 年） 全国劳动模范（2015 年）

坚守

这辈子就干一蜜丸。

在药香中继承手艺

张冬梅的母亲以前就是在同仁堂工作的。自幼便跟着母亲去上班的张冬梅，在母亲的耳濡目染下，对中医药有着不一样的感情。

17 岁时，张冬梅接妈妈的班，进入了同仁堂。

在同仁堂，每个人都要从学徒做起，张冬梅也不例外。一开始她是给师傅打下手——打条。打条要做到粗细均匀、长短合适才算合格，这是制作安宫牛黄丸的基本功，若是打条没有打好，会直接影响搓丸的速度和质量。

这是一道看起来简单，却很考验功力的工序。

打了半个多月的条，张冬梅跃跃欲试，便央求师傅让自己试一下搓丸。

一上手，她就知道自己的功夫还没练到家——搓出来的药丸不是扁了就是不成形。

于是，她便沉下心来，继续争分夺秒地练习打条技术，就连在家做饭时，她都在默默搓面练习。就这样一道看似简单的工序，她苦练了一年多，才真正掌握了打条的要领。

她还在厂里不同车间"轮岗"，裹金、包玻璃纸、扣皮、蘸蜡、打戳、外包……就这样，每个车间的工序，张冬梅都了然于心。

掌握基础的工序后，张冬梅开始学习关键技术——搓丸。有了练习打条时急于求成的教训，学习搓丸时，张冬梅格外有耐心。每天一有机会，她就去师傅旁边观摩，领悟到要领之后，她才上手操作。但是要搓出圆、光、亮，滋润细腻，色泽一致，重量必须是3克的药丸，她还要日复一日地苦练。于是，张冬梅每天都坐在车间里，雷打不动地练习。就这样，她的搓丸合格率终于接近了90%。

 耐心扛好"医德"这杆秤

安宫牛黄丸的制作工艺，已经传承了两百多年，即使在机械化、自动化水平越来越高的今天，仍然离不开手工。在搓丸的工作中，张冬梅经过无数次的练习，已经能搓出一次成型率几乎达到100%的药丸了。

> **知识链接**
>
> 麝香：中药名。性温、味辛，功能开窍醒神、活血通经、消肿止痛，主治中风痰厥、神志昏迷、心腹暴痛、恶疮肿毒、跌打损伤、经闭、癥瘕、难产，以及冠心病、心绞痛等。

练就了一身过硬本领的张冬梅，回忆当初做学徒的日子，她说最难忘的其实是"麝香拿毛"这项工作，也

就是把麝香里的绒毛用手拿出来。

搓药丸是要靠纯手工制作的，制作过程中除了打条、搓丸等手艺活，麝香拿毛是非常烦琐、枯燥、需要极大耐心才能完成的工作。麝香里的绒毛必须要用手拿出来，不然做好的药丸里出现了须毛，容易造成脑出血、脑卒中的患者在服药时卡嗓子，从而引发呛咳，后果难以预料。所以，这道工序虽然简单，却是重中之重。

在张冬梅挑毛挑到要罢工的时候，师傅并没有责怪她，而是耐心地接过了她的工作。羞愧难当的她意识到自己的错误之后，及时跟师傅道歉，并继续沉下心来，坚持完成所有的工序。她的耐心，也是这样被磨炼出来的。

同仁堂的古训是："炮制虽繁必不敢省人工；品味虽贵必不敢减物力。"在技艺大成之后，张冬梅才彻底懂得这条古训的真正意义。她说，"拿毛"这道工序，本身没有质量标准要求，但拿多少，拿到什么程度，凭的都是药师心里的那杆秤。这杆秤，就是医德。

2005年，同仁堂成立了传统工艺展示线——安牛班。张冬梅以扎实的功底，被选为班长。

当上班长的那一刻，张冬梅觉得身上的担子又重了许多。要做百姓信赖的"救命药""放心药"，这事儿不能有丝毫的马虎。为了把好质量关，她除了严格要求组员们要更衣、换鞋、消毒等之后再进入生产车间，甚至把进入生产车间的手部清洗消毒工作分解成了18个动作。严谨的工作作风一开始组员们也很不解，但是她说："修合无人见，存心有天知。"这句话的字面意思是：在没有监管、他人不知情的情况下，在中成药炮制的过程中依然要凭良心，自觉做到药材地道、斤两足称、制作遵法。慢慢地，组员们也理解了她的要求，并严格执行。

 毫无保留地传授技艺

2015年，张冬梅安宫牛黄丸传统制作技艺首席技师工作室成立。为了能把手工搓丸的传统技艺传承下去，她把自己积累多年的经验，毫无保留地教给了徒弟们。

张冬梅在传授技艺的过程中，并没有教条化地照搬前人的经验。她让徒弟们在学习的过程中用心琢磨推、搓的力度，找到适合自己的手感。因为每个人的手劲都是不一样的，不能师傅说什么，徒弟就一股脑儿地去做。她觉得即使是很简单的工作，想要做到极致，也要学会在传承中灵活应变，而不是生搬硬套。

在她的严格要求下，徒弟们也陆续成长为中药固体制剂高级工、技师或高级技师。

安宫牛黄丸制作技艺被列入国家级非物质文化遗产名录后，张冬梅成为这一非遗项目的传承人。这项传统技艺薪火相传（比喻师生传授，学问和技艺一代代地继承下去），在张冬梅和徒弟们的手中得以发扬光大。

2023年，一位台湾同胞跟张冬梅说："传统的中药方子就得靠你们传承下去啊！"那一刻，张冬梅热泪盈眶。这句话既是对中医药的肯定，也是对她坚守了一辈子的事业的肯定。

国之脊梁 · 大国工匠

安宫牛黄丸，这颗被中医奉为救命"神药"的药丸，制作工艺复杂，需经十多道工序手工制造而成，且每丸重量必须精准为3克。张冬梅从17岁起便投身其中，身体力行，致力于做好每一个环节的工作。

在中医药的传承之路上，张冬梅如一颗璀璨的明星，用**四十多年的时光，坚守在北京同仁堂安宫牛黄丸传统制作技艺的岗位上**，成为非遗项目传承人。她**择一业而终身从事**，用实际行动诠释了"大国工匠"的精神内涵。

小朋友，看到张冬梅阿姨把一项看起来很简单的工作做到极致，你有什么感悟呢？快写下来，和大家分享吧！

_____

_____

_____

_____

_____

_____

_____

_____

郑兴：为航天员在太空建"房子"

扫码听音频

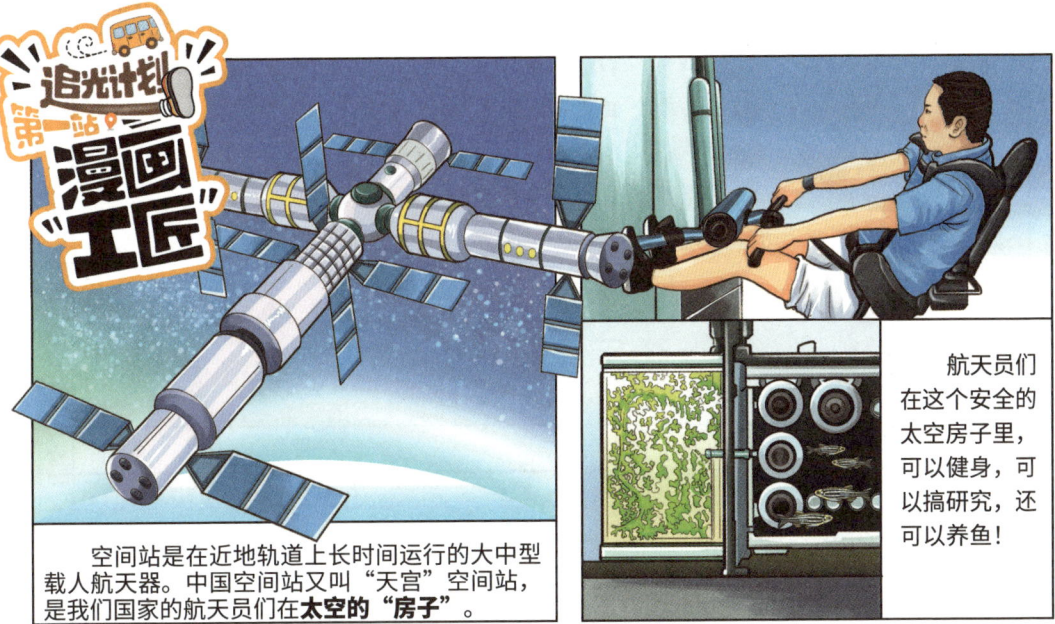

空间站是在近地轨道上长时间运行的大中型载人航天器。中国空间站又叫"天宫"空间站，是我们国家的航天员们在**太空的**"房子"。

航天员们在这个安全的太空房子里，可以健身，可以搞研究，还可以养鱼！

空间站核心舱舱体巨大，需要**焊接**完成。焊缝的总长度超过 300 米。若是在焊接的时候有一丁点儿的差池，后果不堪设想。

郑兴就是给航天员建造太空"房子"的人。他接过上一代航天人的衣钵，以"零缺陷"的焊接标准，为**中国航天事业**助力。

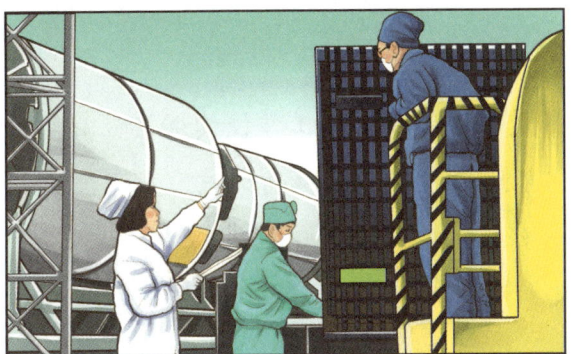

航天科技集团第五研究院（简称"五院"）**529 厂**是我国卫星、飞船研制的重要基地，也是空间站舱段结构的主要研制单位。

国之脊梁·大国工匠

"工匠"档案

姓　　名	郑兴
出生日期	1989 年
籍　　贯	北京市
职　　业	电焊工
主要荣誉	全国青年岗位能手（2018 年）

努力：工人看似很平凡，但是在平凡的岗位上，只要努力提高自己，同样可以做出不平凡的成绩。

"工匠"故事

在航天焊接领域快速成长

郑兴在航天科技集团第五研究院529厂焊接车间里，称得上是能工巧匠。他可以用一把焊枪在金属平台上"挥毫泼墨"。其实他从小就对航天感兴趣，外太空、星船模型，这些都是他很喜欢关注的东西。

2005年，正值青春的郑兴选择进入首钢高级技工学校读焊接专业。在学校里，他就像一块海绵一样，不断地吸收有关焊接的知识。在学校的三年里，技能练习与理论紧密结合的教学方式，让郑兴习得了过硬的焊接技术。他还抓住机会，参加了国家级、北京市级的焊接技能大赛，并通过比赛展现和提升了自己的综合实力。

18岁那年,郑兴凭借北京市职业院校技能竞赛的获奖证书,被特招进入航天科技集团第五研究院下属的529厂。到了这里他才知道,原来东方红一号卫星、神舟一号飞船和神舟五号载人飞船这些航天器的密封舱体,都出自529厂,且都是靠工人师傅的手工装配、铆接、焊接完成的。

在前辈们的成绩面前,郑兴倍感压力,但他很快就将压力转换为动力,暗下决心,一定要苦练本领,把自己的技能水平提高上去。

郑兴所在的焊接中心,有这样一句话:"每一个焊点关系到航天员的生命安危,每一道工序影响着载人航天的成败。"他以此为座右铭,在岗位上默默钻研,从一开始的辅助岗,升到二岗,再升到一岗,别人需要走七八年的路,他仅用四年就走过来了。

郑兴在进入529厂焊接成形制造中心之后,高质量地完成了航天器的舱体焊接任务。所以,当在电视上看到航天器成功发射时,他内心不仅仅是震撼,还有自豪:自己参与的产品,完美地在夜空里闪耀飞行,这是多么令人激动的事情啊。国家重大工程当中的这些具体实施、具体生产的产品是出自他们这些技工的手,他感到很自豪!

"有难题,找郑兴"

知识链接

嫦娥五号:由中国国家航天局组织实施研制,是中国首个实施无人月面取样返回的月球探测器。2020年11月24日,长征五号遥五运载火箭成功将嫦娥五号探测器送入地月转移轨道,探月工程第三步正式拉开序幕。

在厂里,"有难题,找郑兴"已经成为大家遇到难题时的口头禅。因为参加工作以来,郑兴先后参与了天宫、天舟、嫦娥五号等多个型号的航天器的密封舱体焊接工作。在这些重大型号任务的实践淬炼下,郑兴逐渐成为"身怀绝技"的技术顶梁柱。

国之脊梁·大国工匠

2014年,我国空间站节点舱进入最后的焊接阶段,厂里对郑兴所在的团队委以重任,让他们这个年轻的团队站好最后一班岗。这也是郑兴第一次作为焊接主岗操作。从舱体的装配到焊接完成,需要大家不眠不休地工作两天两夜。在这段时间里,郑兴干劲十足,队友们都轮换休息了,他还戴着面罩,在火花四溅中,聚精会神(原指集中大家的智慧。现指高度集中注意力)地"雕琢"着手里的"作品"。

在焊接的过程中,他不仅自己打起十二分精神,还不忘提醒身边疲惫不堪的队友:"螺钉装配时拧紧一些。""小心产品有划伤。""登高时检查一下安全带。"……有郑兴当"领头羊",大家齐心协力地奋斗了两天两夜后,所有焊缝都完成了。

2015年,焊接成形制造中心又承担了载人飞船的舱体焊接任务。在手工焊接工作进行的时候,焊工遇到了一个大难题。在大家一筹莫展(一点计策也想不出,形容没有一点办法)之际,郑兴一手拿着焊枪,一手抓着焊丝过来了。只见他一头扎进舱体里,用了短短5分钟,就解决了这个大难题。

紧接着，在2016年的某最新型号航天器研制任务中，郑兴再次用过硬的手艺让工友们看到了他的实力。

为了解决焊缝内部产生的气孔缺陷、焊后变形大等致命问题，郑兴开始查阅新型材料合成元素，虚心向专业人士请教，进行大量实验对比，摸索试件焊接参数，等等。经过冷静的分析和思考，他终于找到了解决的方法——对焊接工艺参数进行重组。最终，新型铝合金材料焊接工艺成功应用于航天器舱体的焊接中，且一次合格率达100%。

勇于挑战新问题的郑兴，正带领着大家往更高的技术方向迈进。

持续为中国航天事业助力

"工人"和"工匠"只有一字之差，但它们有天壤之别（比喻差别极大）。前有"两弹一星"的航天精神鼓励着，后有中国蓬勃发展的航天事业激励着，郑兴一刻都不敢懈怠，即使是休息时间，他也会阅读焊接专业的相关书籍，了解更先进的焊接设备、焊接方法。忙碌的间隙，他还坚持做俯卧撑，因为这样可以锻炼臂力和腕力，能够让自己在每次的焊接工作中保持稳定性。

郑兴受师父的影响，始终保持着追求完美的态度。他也时刻鞭策自己要在提升焊接技能的同时，学习和传承好"工匠精神"。

郑兴曾说过，既然从事了航天工作，就必须对手中的产品负责，对国家的航天事业负责，永远不能有"差不多"的想法。其实，在平凡的岗位上努力做出不平凡的成绩，一样可以实现"重于泰山"的人生价值。

国之脊梁 · 大国工匠

郑兴，一位杰出的青年焊工，堪称"大国工匠"的典范。在航天焊接领域，**他用努力换来了斐然的成绩**：近20年里，他先后参与完成多项重大型号金属密封舱体焊接任务，以零失误、零缺陷的成绩完成了工作。

他**能吃苦**，为了解决空间站焊接难题，在高温下连续工作，汗浸焊帽也不在意；他**爱思考**，反复研究，找到了控制气孔缺陷的方法和克服湿度影响的新方式；他**心怀责任与担当**，深知每一道工序的重要性，牢记航天人的使命，以精益求精的态度对待每一项任务，为我国航天事业的发展贡献了自己的力量。

小朋友，读完郑兴叔叔的故事，你有什么感悟呢？不如写下来，和同学们分享吧！

陈兆海：做国家重大工程的"眼睛"

扫码听音频

追光计划 第一站 漫画"工匠"

生活中，我们会用尺子去**测量**图形长度。那么，你了解**工程测量工**的工作吗？

虽然都有"测量"二字，但性质却大不相同。工程测量工要跋山涉水、风餐露宿，在冰天雪地中坚守，在茫茫沙漠中定位。

从大连港 30 万吨级矿石码头工程到大连星海湾跨海大桥工程，这些国家重点工程都要以精准测量为基础。

在工程建设中，测量是各施工阶段中的**先导性工序**，是确保后续环节精准实施的基础，其重要性不言而喻！

这些重大工程的建设中，都有**陈兆海**的身影。他用执着和匠心，量出了"**中国精度**"，坚持用一辈子时间做好工程的"眼睛"。

国之脊梁 · 大国工匠

追光计划 第二站 "工匠"档案

姓　　名	陈兆海
出生日期	1974年12月
籍　　贯	辽宁省大连市
职　　业	工程测量工
主要荣誉	全国劳动模范（2020年） 大国工匠年度人物（2021年）

执着　仪器水平是基础，要端端正正；仪器校准是准绳，要经得住考验。

追光计划 第三站 "工匠"故事

 开启跋山涉水的测量之路

用匠心雕琢"中国精度"、为重大工程做"眼睛"的陈兆海，是1995年从天津航务技工学校测量试验专业毕业的。

在中交一航局第三工程有限公司的施工队伍中，陈兆海看起来并不"起眼"，但就是这个平凡的身影，已在测量岗位上坚守了几十年。

工程测量非常辛苦，常年要在户外作业，顶风冒雨、跋山涉水是常事。刚实习那会儿，陈兆海被分配到了大窑湾成品油码头项目。他早上要爬绳梯到圆筒沉箱上

作业,跟踪监测模板情况,用水准仪一层层找平,从早盯到晚。每天长时间在户外工作,条件十分艰苦,他心里时不时就想打退堂鼓。然而,看到栈桥成功贯通的那一刻,他内心充满了成就感,也打消了退缩的念头,更坚定了在这条道路上走下去的决心。

几年后,陈兆海迎来了职业生涯中的重大挑战——参建大连港30万吨级矿石码头工程。那次的挑战真的让他 刻骨铭心(像镂刻在骨头和心上,形容感受深切,永远不忘)。

当时,海况十分恶劣,高端测量仪器无法正常工作,陈兆海只能用传统的"打水砣"的方法来测定海水深度。于是陈兆海每天迎着冰冷的寒风,无数次地往海里抛提几十斤重的"铁疙瘩"来练习眼力和反应速度。经过几个月的苦练,他凭借着毅力实现了靠人工测量数据,能够将沉箱水下基床标高精度控制在厘米级。

陈兆海带领团队整日奋战在施工现场,提前一个月完成工作任务,最终,该工程也荣获了第七届中国土木工程詹天佑奖。

重大工程的测量先锋

陈兆海最擅长的事情,就是用测量技术,为具体的施工解决难题。

2018年年初,大连湾海底隧道项目开启了我国在严寒海域建设跨海沉管隧道的征程。然而工程建设困难重重,不仅地质复杂,而且多礁石,多溶洞。陈兆海他们首次水下扫测数据与现有的基床整平验收

> **知识链接**
>
> 大连湾海底隧道:我国北方首条跨海沉管隧道,于2023年5月1日建成通车。这条隧道位于大连以东的大连湾海域,北起大连钻石湾地区,南至大连东港商务区,全长5.1千米,建设标准为双向六车道的城市快速路,设计时速为60千米,使用年限为100年。

数据相差了 10 厘米。庞大而复杂的工程，没有任何经验可以借鉴。但测量工作精度就是要对标港珠澳大桥——实现超差精度在 5 厘米以内。

面对测量难题，陈兆海毫不退缩。他一方面积极向专家寻求专业知识的支持，另一方面与技术人员群策群力（大家共同出主意，共同出力量。指集中并发挥众人的智慧和力量），攻坚关键难题。不仅如此，他还前往设备生产厂家进行调研，奔赴港珠澳大桥项目现场和深中通道项目现场学习经验。最终，他成功引进了三维扫测的多波束设备，向实现高精度测量迈出了关键一步。

但海底施工环境恶劣，风浪颠簸极大地影响了多波束设备的精准度。受折叠伞启发，陈兆海创新性地提出了为仪器定做连接架的想法。紧接着，他便带领团队深入分析多种仪器之间的几何关系，研究支架的材质和长度。

经过 4 个月的不断尝试和改进，他们终于研发出了可拼接、适合任何船型的拆卸式连接器，让设备长出了"手脚"，能够在复杂环境中稳稳工作。

连接器稳定之后，测量效果愈发精准，超差精度达到了 5 厘米的标准，工作效率也大幅提升。

不仅如此，陈兆海在参与建设大连湾海底隧道的过程中，还对海上沉管安装测量工艺进行大胆创新，推动了我国测量技术向着世界一流水平迈进。

"只要你想干，没有干不成的事！"说起技术创新，陈兆海如是说。

一生只做一件事

陈兆海几十年来只干一件事——测量点和线。测量技术一代代更新，他始终坚守在岗位上，严谨地对待每一个测量数据。

陈兆海 做国家重大工程的"眼睛"

入行以来，陈兆海参与修建了我国大连港30万吨级矿石码头工程、大船重工香炉礁新建船坞工程、星海湾跨海大桥工程等多个国家重点工程。多年来，他一直坚持在一线测量，总是扛着仪器最快到达工程现场，等工程全部竣工验收合格后才离开。

陈兆海不仅专注于自我提升，还十分关注年轻测量人员的成长，对组员、徒弟都十分有耐心，愿意将自己的知识和技能倾囊相授。如今，陈兆海的弟子已遍布公司境内外多个重大工程。

如今，陈兆海已荣誉加身，但他的身影依然活跃在各个大工程当中，矢志不渝地创造着属于中国的"精准线"。

国之脊梁 · 大国工匠

陈兆海，一位在测量领域熠熠生辉的大国工匠。他将**执着**、**专注**、**严谨**融入每一个测量数据中，不容许丝毫差错，**以极致的标准要求自己**，最终成长为专家。他勇于创新，面对不断发展的技术和复杂的工程难题，**积极探索，练就慧眼巧手，为工程建设精准护航**。他用持之以恒的工匠精神，点燃激情火焰，诠释新时代大国工匠的风采与活力。

读了陈兆海叔叔的故事，我们了解到，无论多么平凡的岗位，我们都要全身心投入。那么，你觉得自己现在可以从哪些事情入手，做出一些改变呢？捋清思路，记录下来，然后开始行动吧！

黄金娟：从零到一的创造者

扫码听音频

追光计划 第一站 漫画"工匠"

在智能化电表出现之前，有专门的抄表员去记录每家每户的用电量，他们每月不是在抄表就是在去抄表的路上……

我是抄表的。

进入 21 世纪之后，智能化电表开始被大量应用。现在，抄表员们在电脑上点点鼠标就能完成**电量采集工作**。

智能化电表能广泛应用，离不开电能表智能化计量检定系统的投入运行。

现在智能电表的生产车间里，全是**机器人作业**，效率翻倍。

2006 年，面对**电能表更新换代**带来的计量检定数量井喷式增长，智能化电表技师**黄金娟**提出了计量检定"机器换人"的想法。

黄金娟牵头研发了国内首套电能表智能化计量检定系统，实现了电力计量检定技术的跨越式发展。

国之脊梁·大国工匠

追光计划 第二站 "工匠"档案

姓　　名	黄金娟
出生日期	1964年12月
籍　　贯	浙江省绍兴市
职　　业	智能化电表计量技师
主要荣誉	国家科学技术进步奖二等奖（2017年） 全国五一劳动奖章（2019年）

创新：创新来源于生产实践，创新不仅仅只是高大上的东西，我们要善于观察、勤于思考，要勇于提出自己的新想法新创意。

追光计划 第三站 "工匠"故事

巾帼不让须眉

黄金娟看起来瘦瘦的，但是她身体里，却有着一股拼劲儿。

1984年，黄金娟来到绍兴电力局工作，开始从事<u>电能表</u>的实验室计量检定工作。

每天，她都需要站在一堆密密麻麻的接线前，眼睛一刻不停地盯着刻度与报表，快速进行校验比对，然后将电能表与接线连接、检定。

知识链接

电能表：电度表，俗称"火表""千瓦时表"，是累计电能的指示电表，有交流电度表和直流电度表两种。交流电度表的结构常为感应式，分单相及三相两种类型。直流电度表多为电动式结构，通常装在电车等使用直流电的场合。

这看似单调重复的工作,她一干就是几十年。在这漫长的岁月里,她凭借着内心的那股韧劲儿,默默积累经验,不断提升着自己的专业技能。

"工作了一辈子,其实我就是想干好电力计量检定这件小事。"对于自己的成就,黄金娟轻描淡写地说着。

可她这样淡然的背后,是她几十年坚持和专注换来的底气。她凭着对计量检定工作的热爱,在工作中所向披靡(比喻力量所到达的地方,什么也阻挡不住)。

1992年,没有正规专业基础和丰富工作经验的黄金娟,为了在首届全国电力技术比武大赛中取得好成绩,只能白天上班、晚上看书,夜里甚至枕着计量检定规程入睡。功夫不负有心人,她一路过关斩将,最终在大赛中取得了全国第二名的好成绩,荣获"全国技术能手"称号。这份荣誉不仅是对她个人努力的肯定,而且成了她在电力计量道路上继续前行的强大动力。

进入21世纪,社会快速发展,让黄金娟意识到,传统的人工检定已经跟不上时代发展了。于是,她提出了一个大胆的想法——机器换人,利用自动化控制技术实现电能表智能化检定。可当时的情况是:很多人觉得智能化改造是异想天开(荒唐、离奇,无法实现的事);黄金娟想找电能表厂家合作,却被制造商无情拒绝。

但黄金娟没有退缩,而是马不停蹄地干了起来。

就要干出大成就

电表智能化检定系统必须得定制了!知难而进的黄金娟,一直在努力创新,调整方向,最后她确定了以自动化控制为主,带动电能表自动检定流水线的思路,并一步步将思路化为详尽的技术方案。

在研究最关键的几年里,黄金娟不断研究新的自动化检定技术,在实验室工作、休息已经成了她的生活常态。

终于,她的项目立项了。这对她来说,是鼓励,是肯定。之后,黄金娟潜心钻研,做了大量的试验,攻克一个又一个困难,终于在2009年研制出了国内首个全自动计量检定工程样机。

2012年3月,国内首套电能表智能化计量检定系统顺利投入使用。这套系统使电能表的检定能效整体提升了58倍,人员精简了90%以上。整条流水线上,只需要两三个巡检人员即可。

这项科技成果，不仅在国内被广泛应用，经多次升级迭代，还被推广到了丹麦、韩国、马来西亚等国家和地区，甚至被跨行业应用到水表、燃气表等检测领域。

巾帼不让须眉！黄金娟凭着努力创新的干劲儿，把电能表检定从人工操作推向智能化作业，实现了她一开始的目标。

但她并未满足于此。在2016年建设第四代新型智能化电能表流水线期间，她不辞辛劳，一丝不苟（一点儿不马虎，形容办事认真）地盯紧每一个生产细节，确保整条流水线工作顺利进行。最后，流水线智能化检定的成功率从建设之初的不到90％提升至100％。

让"中国标准"成为"世界标准"

执着专注、追求卓越的黄金娟从未停止创新的脚步，因为她意识到，技术"出海"后，必须同时推进标准化建设，才能掌握更多的国际话语权和自主权，走得更远。2019年以来，她创新性地提出另一个更高的目标——争取将电能表智能检定中国标准转化为国际电工委员会（International Electrotechnical Commission，IEC）标准。

万事开头难，当时没有中国人带头做过国际标准，她又成了国内这个领域的拓荒者。面对由欧美国家主导话语权的国际电工委员会，不服输的她反复研读相关的标准条款，整合多种意见，修改申报材料，以"拓荒牛精神"投身立项准备工作。

2023年2月17日，电能表智能化计量检定国际标准草案已完成全球范围内的意见征集，并顺利通过全体成员国投票。接下来，黄金娟将继续带领团队为完成最终草案投票流程而努力。

为了让"中国制造模式"走向世界，黄金娟始终奋斗着。

国之脊梁 · 大国工匠

"我心匪石,不可转也。"黄金娟用40年的专注、坚守与创新,在技能上孜孜以求,在电力计量领域取得了卓越成就,也创造了显著的经济效益。

她身上体现出的精神令人钦佩——她在创造力上灵光闪现与绝处逢生,**在技能上孜孜以求与格物致知,在细节上如琢如磨、尽善尽美**。从基层普通检定员成长为"大国工匠",她荣获了众多荣誉称号,是工匠精神的杰出代表。她以专注、坚守和奉献诠释了对事业的热爱与执着。

从黄金娟阿姨身上我们能学到很多,那么,在以后面对问题和困难的时候,你打算怎么做呢?快记录下来,作为以后鼓励自己前进的动力吧!

戴振涛：为航母舰载机保驾护航

扫码听音频

下蹲屈身，凌空一指，这炫酷的"航母Style"一出现，**舰载机**就会"嗖"地一下冲向海洋的上空。

放飞的舰载机如何安全回到航母上呢？这就要靠**航母阻拦机**了。它用一根**阻拦索**，拉住正在降落的舰载机。

可别小看这根阻拦索，它必须在3秒内让重达20多吨、时速高达250千米的舰载机停下来，否则就会机毁人亡！

舰载机能在甲板上被阻拦索稳稳拉住，离不开阻拦机安装工人们的努力。他们日复一日地对数据进行测量，对设备进行改进，让辽宁舰成了真正具有战斗力的航母。

戴振涛就是安装、调试阻拦机的那个人，他在航母上反复测量了10年，用百万数据库为舰载机的起飞和降落保驾护航，让中国航母开启了一个新时代。

国之脊梁 · 大国工匠

追光计划 第二站 "工匠"档案

姓　　名	戴振涛
出生日期	1978年9月
职　　业	船舶钳工
主要荣誉	全国技术能手（2012年） 全国五一劳动奖章（2013年） 大国工匠年度人物（2019年）

耐心

我常对徒弟们说，钳工做的是精细活，要钻研，耐心做好每一个基础工作。

追光计划 第三站 "工匠"故事

 进入船舶专业当工人

戴振涛的父亲是一名船厂焊工。在戴振涛初中毕业面临艰难选择时，父亲对他说："干得好，厂子不会亏待你。"因为这句话，戴振涛选择到大连船舶技术学校读船舶钳工专业。

1996年，毕业后的戴振涛，进入大连船舶集团工作。作为一名船舶钳工，他负责的现场是船舶的"心脏"——机舱。机舱内有重要的舵机，其安装的好坏，决定了船舶的航行是否安全，这项工作的重要性不言而喻（不用说明就能明白）。

为了担起这份重任，戴振涛开启了刻苦钻研之路。他不放过任何一个学习的机会，无论是检修还是运行新设备，他都要到现场仔细观察、积极实践，虚心向师傅请教；他认真钻研施工图纸，遇到全英文的说明书，他会对照词典逐字去翻译、去理解。

正是因为戴振涛有着肯努力、肯钻研、有耐心的学习态度，进厂不久的他就成了集团里数一数二的技术骨干。得到认可的戴振涛，在2007年被任命为班组长。

此后，戴振涛带领班组员工出色地完成了各类船舶及军品的生产任务。不仅如此，他还非常重视工艺改进，追求创新。在某船舵系钻孔绞孔施工中，他发现了磁力钻钻孔误差大的问题，便开始反复地研究、试验。最后，他研究出了新的钻孔技术，不仅提高了钻孔精度，保证了绞孔施工进度，还为工序的完成节约了工时及人工费用。

 保障舰载机安全着陆

每一艘舰船的交付，背后都凝聚了数千个船舶职工长期的汗水和辛劳。

一次，戴振涛的班组接到了一个重要任务——为中国第一艘航空母舰辽宁舰安装阻拦机止动装置。

> **知识链接**
> 阻拦机：一个帮助舰载机着舰的装置，它占据了整艘战舰的船尾，每一根导轨都有数十米长。为了能让高速降落的飞机平稳、安全着陆，阻拦机至关重要。

如果把阻拦索想象成弹弓上的皮筋的话，阻拦机就如同固定阻拦索的"弹弓底座"，而导轨则是其核心部件。由于阻拦索对导轨受力要求不均匀，所有受力节点都会有不同的数值。要将每一个安装点的每米水平精度控

制在不超过一根头发丝的 1/6 的误差范围内，就需要大量的测量数据来作支撑。

面对这一极其苛刻的标准，戴振涛展开了漫长而艰辛的工作。

他每天至少要测量 7 次，每次测量用时两个小时，其中两次还只能在凌晨温度相对恒定的时候进行。

每个数据都很重要，容不得有半点儿马虎。如果一个点出现了疏漏，就会导致导轨运行时不顺畅，甚至会导致严重的事故发生。

整整 10 年，戴振涛日复一日耐心地测量、计算、调整，再测量、再计算、再调整……原本擅长钳工技艺的他，如今埋头于数据之中。研磨零件不再是主要工作，测量、计算、调整成了他日常的主旋律。尽管工作枯燥单调，但他从未想过放弃，每次解决一个小问题，戴振涛心中都充满了成就感。

经过长年累月(一年又一年,一月又一月。形容经历的时间长久)的耐心和努力,戴振涛得到了上百万的数据,这些数据成了安装阻拦机最重要的支撑。

终于,2012年11月23日,歼-15战斗机成功着舰时,被阻拦索稳稳拉住。那一刻,代表着中国海军航空兵在辽宁舰上迈出了关键一步,辽宁舰真正成了具有战斗力的航母。

> **知识链接**
> 歼-15战斗机:2009年8月31日,歼-15首飞成功。2012年11月23日歼-15降落在辽宁号航空母舰甲板上,由飞行员戴明盟首降成功。

"参与航母建造也是我一生最值得骄傲的一件事情。"看到战斗机着舰,戴振涛知道,不管是付出10年,还是20年、30年的努力,一切都是值得的。

 继续做船舶领域的引领者

戴振涛在船舶设备安装领域深耕了近30年,工作成绩斐然。他先后参与了辽宁舰、山东舰等大国重器的建造,攻克了国家重点工程特殊装备的安装技术难题,为我国船舶事业的发展提供了坚实保障。

这么多年,他始终坚持在一线,耐心地对待每一次的调试、安装等基础工作。

戴振涛不仅在实践中表现卓越,还在技术创新和人才培养方面贡献突出。他刻苦钻研生产施工技术,在实践中坚持创新,先后获得了19项国家专利,50余项技术创新成果,为企业培养了40余名高技能人才。

戴振涛用耐心、毅力和智慧诠释了工匠精神的深刻内涵。他的努力不仅提升了我国船舶制造的技术水平,而且为行业树立了榜样,他是当之无愧的大国工匠。

国之脊梁 · 大国工匠

戴振涛，船舶制造领域高技能人才的杰出代表，他日复一日地坚守岗位，以恪尽职守、精益求精的态度，铸就了**工匠精神：他在一个普通的岗位上默默坚守十年，耐心地测量、计算、调整数据，为我国第一台航母阻拦机的安装做出了巨大贡献**；他带领班组成员为国家重点工程奋战，面对难题时不忘初心、埋头实干。他以实际行动为中国制造的高质量发展保驾护航，在平凡岗位上创造出了非凡的业绩，为打造大国重器贡献了自己的力量。

小朋友，从戴振涛叔叔身上，我们看到了坚持和专注的力量，看到了对工作的热爱与执着。看完他的故事，你觉得自己现在可以做些什么呢？快把你的想法写下来，和小伙伴们一起分享吧！

张嘉：让世界看到中国的 5G

扫码听音频

终于，在 2022 年的冬奥会上，坐着"火箭"来的中国 5G 网络惊艳了全世界！中国通信真正实现了从跟随、追赶到领跑的跨越式发展。

很长一段时间，我们国家的通信技术一直被别的国家拿捏着。为了挺直腰板，一代一代的中国通信人不断努力着……

中国通信人在冬奥会赛场上，搭建了信号全覆盖的 5G 网络。

我们甚至可以在时速 350 千米的高铁列车上，观看赛事的超高清直播。

冬奥会 5G 网络的搭建者**张嘉**，带领团队打造了多项奥运史上的**首次**和**创新**，让世界感受到了中国高速稳定的 5G 网络。

姓　　名 张嘉
出生日期 1975年6月
籍　　贯 北京市
职　　业 通信工程师
主要荣誉 奥运立功标兵（2008年）

积累　不能急躁，有了一定的积累，事情才会向好发展。

进入通信领域的"执棋者"

在时代的浪潮中，总有一些人凭借执着与热爱，在看似与自己专业不相关的领域绽放着璀璨的光芒，张嘉便是其中之一。

张嘉儿时很爱读书，在书籍的世界里，他学习了国际象棋。学习的过程中，他的脑海里有了最初关于"世界"的概念。

1994年，张嘉获得朝鲜语第一届招生的提前录取机会，进入北京外国语大学学习朝鲜语。毕业后，张嘉的人生轨迹与通信交织。当时，北京市通信管理局面向应届毕业生进行外事相关岗位的招聘，于是张嘉便凭借自身能力应聘入职。虽然大学专业并非通信，但是张嘉在全力做好翻译工作的同时，也积极丰富通信专业知识，有不懂的还会向单位里的通信领域的专家请教。就这样,他与通信结下了深厚的缘分。

张嘉的主要工作也逐渐开始从翻译转到了研究通信技术上。

张嘉还全程参与了2008年北京奥运会的申筹办工作。也是在那个时候,世界互联网开始兴起,但是中国的通信核心技术仍受制于外国。

2005年,当张嘉和团队去参加世界转播商大会时,国外媒体人对他们说:"这些设备你们中国人会用吗?""如果出了问题,不还得我们解决吗?"张嘉听了心里很不服,但又没底气反驳,于是便暗暗立誓:终有一天要让世界看到中国强大的通信!

从"宽带奥运"到"智慧奥运"

从转播商大会回来,张嘉和团队伙伴便投入到通信技术研发这件事情中去了。

他们查阅历届奥运会技术资料,向举办过奥运会的城市请教。历经无数个不眠之夜,他们无数次方案推倒重来,终于实现了世界奥运史上第一次"宽带奥运",让中国在信息高速路上与世界互联互通。

> **知识链接**
> 宽带:能够支持宽范围通信频率的传输媒介。将媒介的总传输能力划分为多个相互独立的带宽信道,每个信道只工作于特定的频率范围,因而可传输多路信号。

虽说"宽带奥运"取得了成功,但张嘉深知,科技不行就要受制于人,只有把科技这块"骨头"变得够硬,脊梁才能挺得更直!

为了实现5G在冬奥会赛场的首次大规模应用,张嘉毅然带着团队迎接挑战，全力以赴（把全部力量或精力都投进去）。

他们遇到的其中一个大难题就是在延庆的小海坨山搭建5G信号。这里曾是一座无路、气象条件恶劣的荒山。面对小海陀山零下20多摄氏度的最低温、2 000多米的高海拔，张嘉和团队成员不畏严寒，肩缠线缆，背绑设备，硬是在荒山中踏出了一条条路。

高山滑雪运动项目中，运动员从山顶下冲，最快速度可达140千米/小时。为了确保通信网络无死角，让运动员不论摔在哪里，救护人员都能立即赶到现场救治，张嘉团队多次修改基站建设方案，在极寒温度下徒手熔接电缆，到极低温环境做实验。

经过两年的艰苦努力，他们成功将小海坨山从荒山变成了"智慧山"。

不仅如此，张嘉和同事们还打造了北京、延庆及张家口三个冬奥赛区"一张网、一个标准、一套指挥体系"的高速、低延时、稳定的网络系统。京张高铁作为冬奥会的重要交通保障设施，其通信保障建设同样充满挑战。京张高铁沿线桥洞隧道占比达60％以上，车厢信号受此影响大幅衰减，建网难度极大。但张嘉团队没有退缩，他们通过加密基站、采用5G

切片技术，以及载波聚合等技术，多次修改方案并试验论证，最终实现了高铁上无花屏、无卡顿的超高清直播。

同时，5G技术的应用还实现了媒体专网的"自由视角"和"子弹时间"等新技术。此外，5G与物联网、大数据等技术的融合，还实现了智能无人驾驶、机器人送餐等冬奥会场馆的智慧运营。

让世界看到强大的中国通信

冬奥会场馆内稳定的5G网络，把一场场精彩赛事呈现到全球观众眼前，给全球观众带来了无与伦比（没有可以和它相比的，形容特别突出）的视觉盛宴，让世界感受到了中国通信技术的发展速度，看到了一个追求卓越、强大自信的中国。

奥林匹克广播服务公司首席执行官在看到5G在冬奥会的应用之后，表示：奥运会期间已经把5G技术融入正常生产经营工作中了。人们都说5G是移动通信技术的未来，但是这里5G不是未来，而是现实。

是的，5G网络如今已经被广泛应用到人们的日常生活中，赋能千行百业，还在2023年7月29日北京140年一遇的强降雨中，为抢险救援工作提供了非常重要的通信支持。

"现在，从南极科考到天问升空，从珠峰直播到无人区报道，有五星红旗的地方就有咱中国人的通信网络！"张嘉如今终于有底气向世界大声地说出这句话。

国之脊梁 · 大国工匠

在中国两次筹办奥运会的过程中，张嘉都带领团队在通信领域取得了非凡的成就。为了实现"宽带奥运"与"智慧奥运"的目标，他带领团队在无数个日夜中攻坚克难。基于长期的知识积累和实践经验，他带领团队成功实现 5G 信号覆盖冬奥场馆及相关区域，打造出高速、低延时且稳定的网络系统，为奥运会的成功举办提供了坚实保障。**每一次的困难都是成功的试金石，这种勇于突破界限的积累式创新，铸就了张嘉在通信领域的辉煌。**

小朋友们，看完张嘉的故事，你觉得自己在生活和学习中应该怎样向他学习呢？快写下来，和朋友、同学或者家长分享吧！

周永和：为大国重器"拼图"

扫码听音频

追光计划 第一站 漫画"工匠"

位于贵州平塘的**中国天眼**FAST，于2016年9月落成启用，为当时世界上最大的单口径**射电望远镜**。

这样一口"大锅"，是怎么被架起来的呢？

建设这种超级工程，当然离不开起重工。但是，把4 000多块大反射面板一块块起吊数十米高，空中运送数百米，下落安装，**起重工**就只是简单地把重物升起、放下吗？

要在空中玩"拼图"，这件事一点儿也不简单。面板之间的吻合误差如果超过2毫米，则会前功尽弃。

当年，美国拼接单口直径305米的阿雷西博射电望远镜，耗时11年。而"中国天眼"的**单口直径为500米**，拼接耗时仅1年。

周永和就是"中国天眼"反射面板吊装拼版工作的"指挥官"，他从业30多年，参与了很多重大项目的吊装工作。2017年，周永和荣获武汉市"大城工匠"称号。

国之脊梁 · 大国工匠

追光计划 第二站 "工匠"档案

姓　　名	周永和
籍　　贯	湖北省武汉市
职　　业	起重工
主要荣誉	武汉市五一劳动奖章（2017年）

挑战：每接到一个新项目就像攀登一座新的山峰，只有攀登到顶，才可以眺望更高的山头，迎接下一次挑战。做一名工匠，眼里的凡事都没有绝对的完美，只有不断挑战，不断进步。

追光计划 第三站 "工匠"故事

从农村少年到技术能手

周永和出生于武汉黄陂的一个农村家庭，初中毕业后，他进入武汉船舶技术学院起重专业学习。

尽管报专业的时候，周永和是懵懵懂懂的，但是在校学习期间，他还是很踏实地去学习理论知识。当真正深入学习后，他才发现，"起重"是一个复杂而充满挑战的领域，不仅要学习工程力学和材料力学，还要熟知不同地区的自然地理环境。

面对挑战，他没有退缩。凭借着刻苦努力，周永和在文化理论课和技能实操课上崭露头角（比喻显示出才能和本领），最终在1993年，他以"双第一"

的优异成绩进入武船集团。

干起重工,先从绑绳子这一基础工作做起。这项工作看似简单,其中也蕴含奥秘。周永和渐渐发现,工件能否按照预设角度到达指定位置,与绳子绑定的位置紧密相关,于是他开始用心琢磨绑绳子的工作。这一琢磨,就是三年。三年的时光,他跟随师傅潜心学习,积累经验,之后才真正开始单独指挥吊装。

不仅如此,周永和深知提升自我的重要性。他利用业余时间,学习专业相关的力学知识,自修大学本科,努力让自己成长为一名专业的技术人员。他的专业能力,也在一次次的实践中得到了提升。

在2008年北京奥运会的开幕式和闭幕式中,九环球和记忆塔的设计让人们记忆深刻,但鲜为人知的是,九环球的拆除和五层记忆塔的安装需要在一夜之间完成。当时周永和带领团队,采用多台吊车安装的方法,仅用3个多小时就出色地完成了任务,创造了奇迹。

 攻克每一个极具挑战性的难题

指挥吊装是非常具有挑战性的工作。每一次吊装作业,所处的环境、地域不同,面临的挑战也不同。周永和说:"当困难一次一次地扑面而来的时候,我认为对我自己也是一个机会,一个提升我自己的机会。"他秉着这种迎难而上的精神,一次又一次出色地完成了作业。

2009年"辽宁号"设备安装、2012年"蛟龙号"试验厂房的安装工程、2018年青岛峰会奥林匹克帆船中心海上吊装……

在这些挑战中,周永和不断创新吊装设计、改进施工方法,解决了诸多难题,成为名副其实(名声、名称与实际符合)的"吊装指挥官"。

国之脊梁·大国工匠

> **知识链接**
>
> 500米口径球面射电望远镜：利用中国贵州南部洼地的独特地形条件建造的高灵敏度、巨型射电望远镜。它采用主动反射面系统及光机电一体化馈源支撑系统，可以实现大天区面积、高精度的天文观测。

作为一名重工作业者，周永和深刻知道，好口碑是源于点滴积累的，成功绝非偶然。

2015年，周永和迎来了新的挑战：被称为"中国天眼"的 500米口径球面射电望远镜（Five-hundred-meter Aperture Spherical radio Telescope，FAST）的反射面板，需要在百米高空完成精准拼接，且工期仅一年。

面对难度如此巨大的挑战，周永和没有退缩，而是精心研究安装图，将每一块面板的编号、位置、尺寸大小都烂熟于心。经过无数次的试验和论证，周永和团队提出在500米直径圈梁上设置轨道，用国内首创的全跨径、大坡度软吊装方法施工。2016年7月3日，4 450块反射面单元提前安装完成。

在极其复杂的山区条件下，整个安装过程需要多工种协同配合，任何一个环节的失误都可能导致前功尽弃。周永和担起了"指挥官"的重任，与各工种的施工人员紧密沟通、密切配合，对每一个环节都进行了精细的规划和严格的把控，从吊装设备的调试，到吊装路径的设计和优化，再到面板的定位和固定，每一个步骤都精益求精，力图确保整个安装过程的顺利进行。

周永和团队将"中国天眼"的 4 450 块反射面单元安装完成，为"中国天眼"的顺利建成和投入使用奠定了坚实的基础。

 30 余年始终坚守初心

随着时代的进步和科技的发展，起重设备性能更高、操作系统更加智能，有人不免认为，这个工种的技术含量已经没有那么高了。对于这个问题，周永和觉得，这恰好说明，起重工的起点更高了，自身更应该不断追求完美，提升自己的境界，把每件事都做到极致，把技术做成艺术。

做起重 30 余年，周永和始终不忘初心，依然会在平时坚持和徒弟练习绑绳子这些基本功，也在起重领域不断追求更高技术，以工匠的觉悟与执着，为行业发展贡献力量。

周永和是一个喜欢接受挑战的人，也是一个有大梦想的人。如今，国家不断出台各项政策，推动产业工人队伍建设改革向纵深发展。许多地方也都在做重点部署，致力于打造一支高水平、高技能、高素质的产业工人队伍。舞台有多大，梦想就有多大！

周永和这位"吊装指挥官"就像一名无畏的勇士,**数十年如一日地迈步在挑战职业技能极限的征程中**。在起重工一线那嘈杂艰苦的环境中,他如同一棵青松始终坚守岗位,从未有过一丝退缩之意。**面对一个个艰难的挑战,他依靠传承而来的经验、自己苦心钻研的成果、高度专注的精神及对岗位的执着坚守,为众多"国之重器"铸就坚实根基**。攻克难题的背后,是扎实基本功给予了他挑战未知的底气。他所展现出的恪尽职守、精耕细作的工匠精神,以及他在不断挑战中熠熠生辉的品质,值得我们深入学习。

从周永和叔叔身上,我们感受到了直面挑战的精神,你是否也可以像他这样,以专注为利刃,去劈开前进路上的荆棘呢?快把你想要挑战的事情写下来,然后积极践行吧!

_____

_____

_____

_____

_____

_____

_____

许映龙：与台风竞速的"追风者"

扫码听音频

在气象学上，台风是指发生在西北太平洋洋面和南海上，中心附近最大风力达12级及以上的热带气旋。它的中心是"台风眼"，台风一般每小时可以"跑"10~20千米。

台风的破坏力很大，常伴有狂风、暴雨，沿海岸并有风暴潮，这些都是它的"标配"。

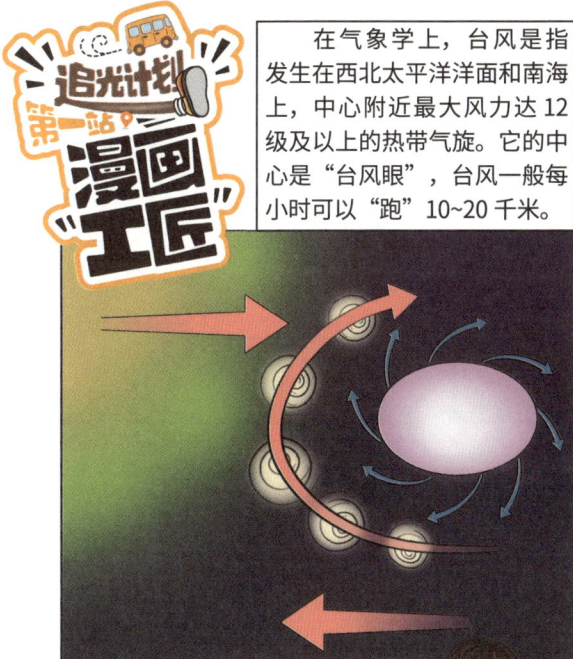

为了减少台风带来的经济损失和人员伤亡，有一群**追风人**，他们日夜对台风进行监控。

时刻盯紧它！

许映龙就是众多"追风者"之一，他是国家气象中心（中央气象台）的**首席预报员**，为我国**台风监测预报**达到国际先进水平做出了突出贡献。

若他们对单个登陆台风的24小时路径预报误差能够减少1千米，那么就可以减少近1亿元的直接经济损失。

国之脊梁·大国工匠

追光计划 第二站 "工匠"档案

姓 名	许映龙
出生日期	1968年10月
籍 贯	云南省曲靖市
职 业	气象台预报员
主要荣誉	全国气象系统先进工作者（2010年） 全国先进工作者（2015年） 大国工匠年度人物（2023年）

专注

专注做好每一次预报，就是对台风的敬畏，就是对大自然和生命的敬畏。

追光计划 第三站 "工匠"故事

🌪 踏上"追风"的人生之路

许映龙出生于云南省曲靖市，他从小的梦想就是当一名科学家。高考填报志愿的时候，他选择了南京气象学院（现为南京信息工程大学）。毕业后，他成功入职中央气象台，正式踏上了他的"追风"之路。

那时候的许映龙，每天做得最多的事情就是画图纸。他说，一天下来要画16张图纸。当时预报员需要根据气象卫星云图一笔一画地手绘出所有的天气形势图，而这些气象<u>卫星云图</u>的照片都是从暗房里洗出来的。这种预报形式会导致时效性较差，

知识链接

卫星云图：地面接收到的来自气象卫星的云况图片。卫星云图是分析宏观、微观天气的良好工具，也广泛用于作物生长、产量预报、水灾、森林火灾、水面污染的监测。

许映龙 ● 与台风竞速的"追风者"

且以主观定性为主。

由于技术条件的限制，他只能通过对比不同时段的卫星云图变化，总结规律，尝试更准确地判断台风的发展趋势。同时，他还结合地面观测数据等多方面信息，综合分析，以减少主观性带来的误差。

一次特殊的机缘下，许映龙获得了前往美国马里兰大学交流学习的机会。在这次的学习中，许映龙如饥似渴地学习着前沿的台风预报方面的专业知识，每每回忆起那次的学习经历，他都说："那段日子劳累且充实，但是一切都是值得的。"回国后，他主持研发出了台风监测预报系列客观技术方法。

争取跑赢每一次台风

台风的走向是变幻莫测（变化奇特，使人无法捉摸）的。为了提高预测台风的准确度，许映龙每日都坚持对气象卫星云图进行细致分析，并对每一次的台风预报进行复盘。只有这样，许映龙才能在每一次跟台风的"对决"中，更精准地预测它登陆的位置，分析它的未来走向。

从毕业时起，许映龙经历了无数次台风的考验。

2014年，超强台风"威马逊"给许映龙和同事们带来了前所未有的挑战。因为它在南海北部开始近乎爆发式增强，还开出了深邃的台风眼。此时的台风预报陷入了困境，任何一种判断失误都可能带来严重后果。关键时刻，许映龙凭借专业知识，打破常规，给出了"台风为最高等级的登陆强度"

的预报。最终，由于研判准确，台风虽然登陆，但当地已加强防御，群众被安全转移，经济损失和人员伤亡都降到了最低。

知识链接

副热带高压：位于热带与温带间（纬度20°~30°）沿纬向排列、暖性而稳定的高压。其单体简称"副高"。副热带高压内空气下沉，日照强烈，天气炎热干燥。但其西北、南部边缘，分别与西风带锋面、气旋和东风带热带气旋、东风波等天气系统相邻，常致风雨等恶劣天气。

2023年7月，台风"杜苏芮"来得非常野蛮、粗暴。它在菲律宾以东的洋面上生成时，许映龙就开始带领团队对它进行紧密追踪分析。

然而，这是一个不按"套路"出牌的台风，它不在预测地点广东登陆，反而逐渐向福建沿海移动，行走路线飘忽不定，加上当时受副热带高压等的影响，就算是借助世界领先的风云气象卫星和强大的气象超算系统，也不能100%精准计算出"杜苏芮"较长时间内的准确走向。

许映龙凭借30多年的经验，果断调整预报方向，准确判断并提前锁定了台风登陆地点。在距离台风登陆前96小时，中央气象台发布预报：台风"杜苏芮"将在福建南部沿海地区登陆。48小时后，中央气象台发布年度内首个台风红色预警。随后，各种抢险应急工作有序进行。

在与台风竞速的日子里，许映龙专注于对每一次的台风进行研判。因为每个台风都是不一样的，只有掌握了大量的数据资料，拥有过硬的业务能力，才能在海量数据中抽丝剥茧（一根一根地抽丝，一层一层地剥茧，形容对事物的分析细致而有层次），预判台风的未来走

向和可能影响。

在一次次的挑战中，许映龙用他的专业和担当，为保障人民生命财产安全筑起了一道坚固的防线。

热爱与敬畏长存

与台风周旋了30多年的许映龙，依然保持着热爱科学的初心。他说："我们所做的每一次登陆地点的判断，都要经过时间的检验，也要经得起科学的质疑。"

运用科学去钻研科学，不断提高"追风"水平是他的毕生追求。

许映龙牵头开展了多方面的台风预报工作，带领团队研发台风路径订正方法，他们与风雨竞速、与时间赛跑，精准预判台风的同时，也为"全球监测、全球预报、全球服务"做技术支撑。

正是许映龙和我国优秀气象人的这种敬畏自然、不畏困难、始终坚定钻研的拼搏精神，使得我国2023年台风24小时路径预报准确率高于日本和美国。

未来，许映龙将致力于加强风云气象卫星和新一代天气雷达等新型观测资料的客观定量分析应用，发展新的预报方法。

"如果说台风预报领域是一片阵地，我就是这个阵地上的排头兵，带领大家冲锋陷阵，这是我爱国的一种方式。"许映龙说。所以，他至今仍然坚持静坐在电脑前，专注地研究卫星云图和预报资料。

国之脊梁 · 大国工匠

许映龙用数十年诠释了什么是坚守与担当。他从怀揣梦想的少年,到技术顶尖的"气象老专家",在无数个日夜里追赶台风,只为保障人民生命财产安全。他**专注于和数据精度较量,与变幻莫测的台风较量**,只为对台风的走向做精准的研判;他**从不退缩,临危不乱**,在与台风"竞速"的30多个春秋里,多次把关强台风预报,关键时刻准确预报,为国家防灾减灾赢得主动权。**这种专注成就了他非凡的气象预报成就。**

小朋友们,从许映龙叔叔身上,你学习到了哪些精神品质呢?现在,你觉得自己可以为梦想做一些什么努力呢?快写下来,并坚持行动吧!

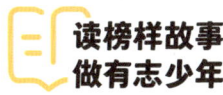
读榜样故事
做有志少年

平凡荣耀

国之脊梁

荣恒教育研究院 编

华文出版社
SINO-CULTURE PRESS

目 录

·001· —  **樊锦诗**
心之归处是敦煌

·007· —  **张桂梅**
大山里的"校长妈妈"

·013· —  **杨科璋**
烈火中永生的消防英雄

·019· —  **司四文**
爱写日记的村支书

·025· —  **古郡红骑**
见危即扶,见困即帮

·031· —  **刘玲琍**
让无声的世界开满鲜花

·038· —  **桂海潮**
实现自己的"飞天梦"

·044· —  **夏森**
为教育扶贫尽心力

·051· —  **王继才夫妇**
一生守护一座岛

·057· —  **张连印**
无私奉献，变荒山为绿海

·063· —  **魏巧**
用科技魔法种地

·069· —  **毛相林**
脱贫路上的当代愚公

·075· —  **江梦南**
知命不惧，日日自新

·081· —  **谭翊泉**
把贫困村变成"黄金村"

·087· —  **任秀波**
默默丈量祖国的壮美河山

樊锦诗：心之归处是敦煌

扫码听音频

追光计划 第一站 漫画"荣耀"

相信大家都听过《九色鹿》的故事，它的蓝本是**敦煌莫高窟**第257窟的壁画《鹿王本生》。

敦煌莫高窟现存洞窟735个，保存壁画4.5万多平方米，被誉为"墙壁上的博物馆"。

随着时间的流逝，岁月的侵蚀，这些珍贵的壁画已经失去了往日的色彩。

如今，在敦煌莫高窟的壁画前，人们经常会见到一位认真观察研究的学者，她就是**樊锦诗**。

为了保护敦煌壁画，樊锦诗投入了毕生精力。她在敦煌莫高窟永久保存和永续利用等方面做出了重大贡献，被誉为**"敦煌的女儿"**。

国之脊梁·平凡荣耀

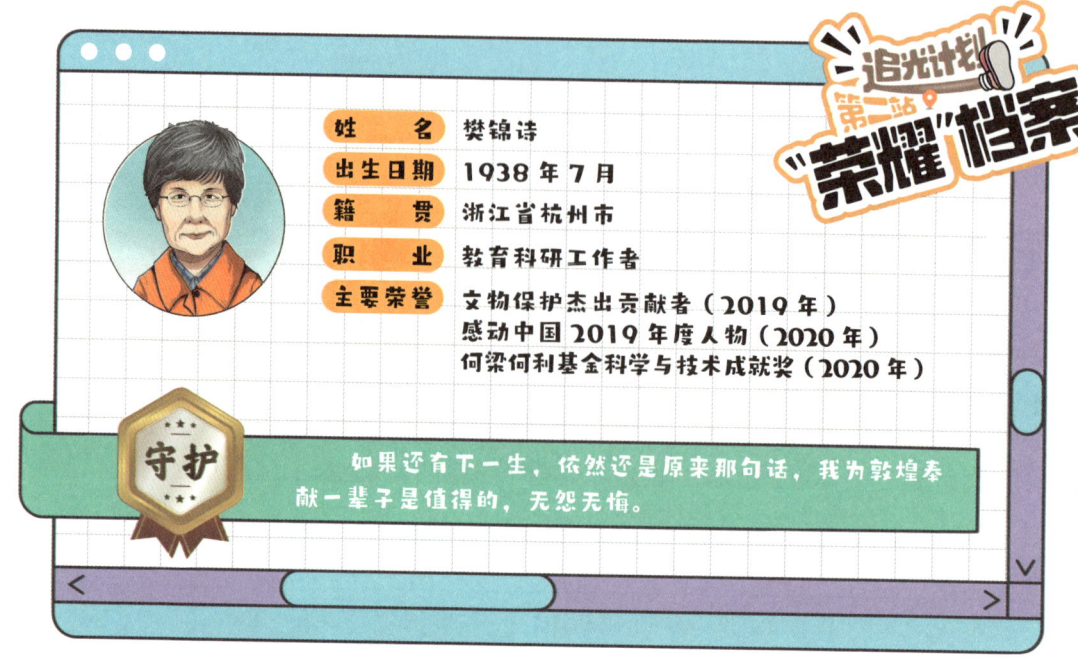

追光计划 第一站 "荣耀"档案

姓　　名	樊锦诗
出生日期	1938年7月
籍　　贯	浙江省杭州市
职　　业	教育科研工作者
主要荣誉	文物保护杰出贡献者（2019年） 感动中国2019年度人物（2020年） 何梁何利基金科学与技术成就奖（2020年）

守护

如果还有下一生，依然还是原来那句话，我为敦煌奉献一辈子是值得的，无怨无悔。

追光计划 第二站 "荣耀"故事

与敦煌结一生之缘

2023年，一部以敦煌莫高窟为背景的传记电影《吾爱敦煌》在各大影院正式上映，受到众多观众的喜爱。影片的主人公就是坚守大漠、守护敦煌莫高窟长达60年的敦煌研究院名誉院长樊锦诗。

1938年，樊锦诗出生于北平（现北京市）的一个知识分子家庭。她的父亲希望她将来能够饱读诗书，因此给她起名"锦诗"。1958年，20岁的樊锦诗没有辜负父亲的期望，

知识链接

莫高窟： 位于甘肃省敦煌市东南25千米处的鸣沙山东麓崖壁上。它的开凿从十六国时期至元代，前后约1000年。现尚存有壁画和雕塑作品的共492窟，保存壁画约4.5万平方米，彩塑3 000余身，在石窟艺术中享有崇高的历史地位。

以优异的成绩考入了北京大学历史系的考古专业。

1962年,学校安排樊锦诗和另外3名同学到敦煌实习。正是这次实习,让樊锦诗与敦煌结下了一生的 不解之缘(不能分解的缘分。指深厚的感情或密切的关系)。她在第一次目睹莫高窟时,就被那历史厚重、古朴庄严的氛围深深震撼。她和同学们在石窟中看到了大大小小的佛像雕塑和精美的壁画,都不禁感叹莫高窟壁画"太美了"。

敦煌莫高窟位于我国西北部,那里气候干燥、人烟稀少,沙尘暴常年肆虐,生活条件极为艰苦。樊锦诗对当地的生活环境并不适应,于是实习期没满,体质较弱的她便病倒了,不得不提前结束实习。

然而,因为毕业分配工作,樊锦诗再次回到了莫高窟,此时,距离她提前结束实习还不到一年时间。尽管她的父亲担心她的身体无法适应艰苦的生活,甚至想要请求学校为她重新分配工作,但樊锦诗坚信:"国家的需要就是我个人的志愿。"从此,她的命运便与敦煌紧密相连。

 用一生守护莫高窟

敦煌文物保护的重点是壁画。这些壁画历经千年风霜,颜色有所消退,清晰度也有所下降,并且容易产生空鼓、烟熏、变色等多种病害。为了更有效地保护莫高窟,樊锦诗积极谋求国际合作,使石窟的保护研究技术与国际接轨。她还将石窟保护工作从以往的抢救性修复,转变为系统、科学的保护修复,确保洞窟环境的安全和稳定,最大程度地阻止壁画和彩塑发生病害。

樊锦诗发现,过多的游客进入洞窟,会导致空气中的温度、湿度、二氧化碳超标,破坏洞窟内稳定

的微环境。此外,游客身上的汗味、香水味也会对壁画和彩塑造成腐蚀。因此,她率先在莫高窟实施了游客限流措施。

樊锦诗深知,要想长久地保护莫高窟的文化遗产,只靠文物保护团队的力量是不够的,还需要依靠法律和科学的保护规划。在她的发起和推动下,甘肃省人民代表大会常务委员会在2003年颁布实施了《甘肃敦煌莫高窟保护条例》。此后,她还参与编制了《敦煌莫高窟保护总体规划》,为莫高窟的保护和研究提供了明确的科学规划。

"舍半生,给茫茫大漠。从未名湖到莫高窟,守住前辈的火,开辟明天的路。半个世纪的风沙,不是谁都经得起吹打。一腔爱,一洞画,一场文化苦旅,从青春到白发。心归处,是敦煌。"这是樊锦诗当选"感动中国2019年度人物"时的颁奖词,也是她一生的写照。

自1963年起,樊锦诗便开始了她长达半个多世纪的守护莫高窟之旅。她虽然面临着水土不服的困难,还忍受着与家人分离的痛苦,但始终坚守在这片沙漠之中。

在敦煌莫高窟，樊锦诗深入洞窟进行了详尽的调查和研究，并完成了敦煌莫高窟北朝、隋朝及唐朝前期的分期断代工作。由她主持编写的《敦煌石窟全集》第一卷《莫高窟第266~275窟考古报告》，是国内第一本具有科学性和学术性的石窟考古报告。

 "数字敦煌"让莫高窟"容颜永驻"

敦煌莫高窟的壁画是珍贵的文化遗产，因此档案记录工作至关重要。怎样才能把壁画的图像永久保存下来呢？照片、录像等传统的记录方式都存在一定的局限性。樊锦诗接触到电脑后，便开始思考如何用电脑永久保存壁画图像档案。莫高窟的洞窟数量众多，大小不一，墙面也凹凸不平，这些都加大了敦煌石窟文物数字化的难度。

最终，樊锦诗及其团队克服重重困难，攻克一道道技术难关，建立了"数字敦煌"资源库。

> **知识链接**
>
> "数字敦煌"：这一项目利用先进的科学技术与文物保护理念，对敦煌石窟和相关文物进行全面的数字化采集、加工和存储，构建了一个多元化与智能化相结合的石窟文物数字化资源库。该库通过互联网和移动互联网面向全球共享，并具有数字资产管理系统和数字资源科学的保障体系。

"数字敦煌"不仅实现了敦煌石窟文物的数字化永久保存，还促进了这些珍贵文化遗产的永续利用。2016年5月1日，"数字敦煌"正式上线并对公众开放。全球网友只要轻轻点击鼠标，就能免费欣赏莫高窟30个经典洞窟的高清数字化内容，体验全景漫游。

樊锦诗视敦煌石窟的安危如生命，为敦煌莫高窟文物的保护、传承和利用做出了巨大贡献。正因为如此，人们亲切地称她为"敦煌的女儿"。这个称号不仅表现了她对敦煌文化深沉的爱和坚守，也体现了人们对她工作的肯定。

"此生命定,我就是个莫高窟的守护人。"樊锦诗以她对莫高窟无限的热爱,**多年来坚守在敦煌这片充满挑战的土地上,用她大半生的时间守护着这份宝贵的文化遗产**。她将敦煌文化遗产保护、研究、管理、弘扬工作当作一生的事业,在敦煌莫高窟的永久保存与永续利用等方面做出了不可磨灭的贡献。

樊锦诗的精神和事迹在敦煌这片土地上留下了印记。这将鼓舞着一代又一代的文化遗产保护者,在这条充满挑战与希望的道路上继续前行。

亲爱的小读者,读完樊锦诗奶奶守护敦煌的故事后,你发现她能够用一生来守护莫高窟的动力了吗?你受到了哪些启示呢?快把你的感悟和家人、朋友分享一下,并在下面写一写吧!

张桂梅：大山里的"校长妈妈"

扫码听音频

大山里的孩子想要走出去，谈何容易！大山里贫困家庭的女孩想要走出大山，更是难上加难！

想要走出大山，过上更好的生活，学习是最佳捷径。

通常情况下，一些山区贫困家庭的女孩的命运是初中毕业后就嫁人。

张桂梅校长像黑暗中的一束光，让那些女孩看到了希望。

2024年6月7日，云南省丽江市华坪女子高级中学的学生踏上高考的征程，张桂梅校长满怀期望地注视着孩子们步入考场，走向希望。

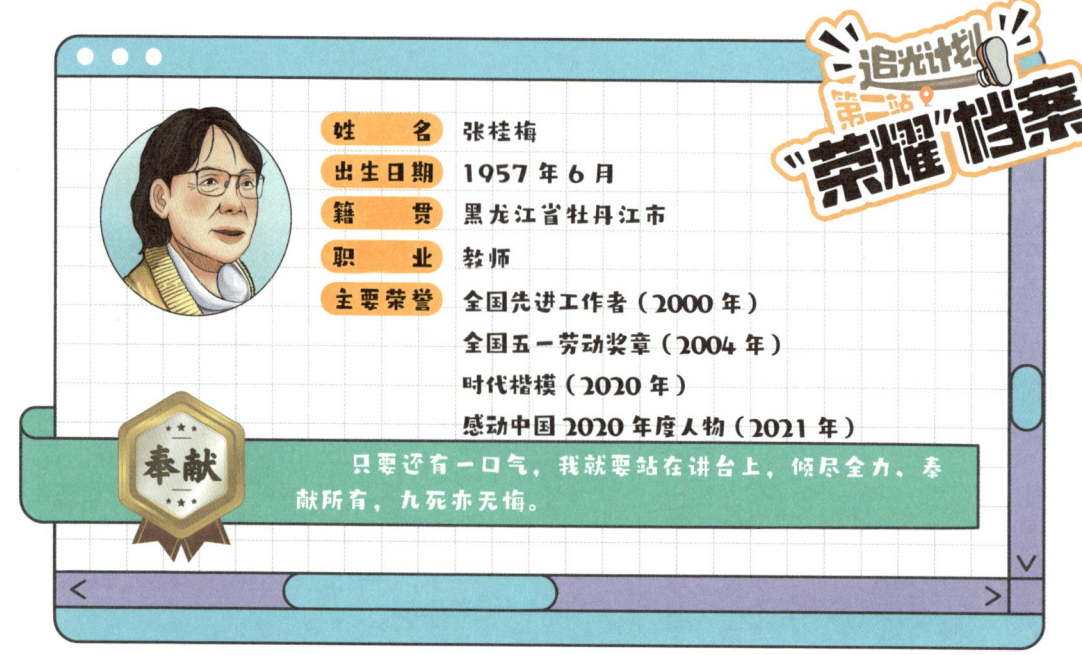

"我有一个梦想"

"烂漫的山花中,我们发现你。自然击你以风雪,你报之以歌唱。命运置你于危崖,你馈人间以芬芳。不惧碾作尘,无意苦争春,以怒放的生命,向世界表达倔强。你是崖畔的桂、雪中的梅。"感动中国2020年度人物的颁奖词,体现了人们对这位获奖者——张桂梅崇高的敬意。这位杰出的教育工作者,用自己无私的奉献精神照亮了无数孩子的梦想。

张桂梅出生在黑龙江省牡丹江市,年仅17岁时便远赴云南建设边疆。后来,张桂梅到云南省丽江市华坪县民族中学任教,在这里,她目睹了很多女孩的艰辛与不幸:一些女孩为了减轻家里的负担,选择放弃学业,早早嫁人。

张桂梅为此感到非常痛心,她实在不忍心看着这些贫困家庭的女学生就这样放弃自己的未来,于是决定用自己的工资来资助她们继续上学。张桂梅还意识到:仅仅教书育人是远远不够的,必须要打破贫困山区低素质母亲和低素质孩子构成的恶性循环!因此,她下定决心创办一所女子高中,不收学费、住宿费,不给学生家里增加经济负担!

可是要办一所高中谈何容易,免费高中更是难上加难!从2002年起,张桂梅就开始四处奔波募捐,但坚持了5年只筹集到1万元。

知识链接

中国共产党全国代表大会:它和"中国共产党地方各级代表大会"简称为党代会,是党的各级组织包括中央组织、地方各级组织和部分基层组织讨论、决定党的重大问题和选举党的领导机关的会议。

直到2007年,事情才有了转机。在张桂梅到北京参加中国共产党全国代表大会时,一名细心的记者注意到她穿着一条破了两个洞的牛仔裤,于是深入了解了她的故事。不久后,一篇名为《"我有一个梦想"——访云南省丽江市华坪县民族中学教师张桂梅代表》的报道发表。很快,张桂梅和她创办女子高中的梦想便受到了关注。随后,丽江市和华坪县政府各拿出100万元,帮助张老师办校。

为大山女孩点亮人生

2008年9月,中国第一所公办免费女子高中——华坪女子高级中学(简称"华坪女高")正式开学了。

建校初期,学校面临的首要挑战就是招生。尽管张桂梅不遗余力(指毫无保留地把全部力量都使出来)地向家长们宣传这所免学费的学校,但有些家长仍然担心失去家里的劳动力,不愿让孩子来上学。

还有的家长不看好、不信任这所学校，除非因为经济困难，实在是上不起别的学校，才会把孩子送到这所免费学校就读。

为了说服家长，张桂梅翻山越岭，亲自上门家访，耐心地告诉家长教育的重要性。在她的不懈努力下，终于招到了100名家庭贫困的女学生。

然而，大部分学生的学习基础很差，这无疑给教师的教学工作带来了巨大的挑战。不仅如此，学校的教学条件也相当艰苦，只有一栋教学楼。学生在一间教室上课，在另一间教室睡觉，吃饭和上厕所还要去隔壁学校。面对这样的困难，17名教师中有9名选择了辞职。

如何才能有效提升孩子们的成绩呢？张桂梅认真探索，因材施教，总结出了一套适合女校的教学方法。不论严寒酷暑，张桂梅和学生每天早上5时30分起床。然后张桂梅会手持喇叭，督促学生晨读、跑步、吃饭。晚自习结束后，张桂梅才会和学生一起回到宿舍休息。在这种严格的"魔鬼训练"下，2011年，付出的努力终于迎来了收获。华坪女高首届毕业生全部考上大学，其中还有几名学生被一本院校录取。这样的成绩让华坪女高的名声迅速传播开来。

张桂梅的教育方式虽然严格，

但效果显著。她帮助那些生活在偏远山区的女孩们走出大山，改变命运，还让她们能有接受大学教育的机会。张桂梅为她们的人生道路点亮了希望之光。

征途漫漫，继续奋斗

自建校以来，张桂梅走过11万千米的家访路，走访过1 000多名学生的家庭，带领数千名女孩走出大山，走进大学，走向新的人生。孩子们都亲切地称她为"校长妈妈"。尽管张桂梅常年受骨瘤、血管瘤、肺气肿等多种疾病的折磨，身上贴满了止痛膏药，但她依然坚守在教育岗位上。

> **知识链接**
> 肺气肿：具有气体交换功能的肺组织的持久性过度扩张、弹性减退、充气和肺容积增大并伴有肺泡壁破坏的病症。常有咳嗽、呼吸困难、气急和发绀等症状。

征途漫漫，没有家庭、没有孩子的张桂梅，早已将华坪女高当成了自己的家，把学生当成了自己的孩子。她曾说："如果说我有追求，那就是我的事业；如果说我有期盼，那就是我的学生；如果说我有动力，那就是党和人民。"67岁的张桂梅将继续奋斗，勇往直前，让更多山区女孩走出大山，开启新的人生旅程。

2024年6月7日，张桂梅再次带着高三学生走向考场。这已经是她第14年亲自送考了。

如今，华坪女高的毕业生已经遍布全国，她们从张桂梅身上学会了感恩、坚持和奉献，把吃苦耐劳、发愤图强（下定决心，努力谋求强盛或进步）的女高精神带到了各自的工作岗位上。

国之脊梁 平凡荣耀

张桂梅扎根困苦地区50年，从一名普通教师，到"七一勋章"获得者，几十年来，甘心付出，不求回报，克服重重困难，以实际行动诠释了知识的力量和教育的重要性。**是她无私的奉献和坚定的信念，改变了无数山区女孩的命运。**

亲爱的小读者，读完张桂梅这位"校长妈妈"的故事后，想一想她在办学过程中付出了哪些努力？你受到了哪些启示呢？快把你的感悟和家人、朋友分享一下，并在下面写一写吧！

杨科璋：烈火中永生的消防英雄

扫码听音频

一个"熊孩子"不小心被卡在了栏杆之间，无法前进，也难以后退。大人们纷纷伸出援手，尝试了各种方法也无济于事。

拨打119，请**消防员**来帮忙！他们有专业的工具和过硬的救援本领，可以把孩子安全地解救出来！

他们虽然与我们素不相识，但总是救我们于危难之中。

他们是**逆行无畏的勇士**，**是随时待命的英雄**，他们在方方面面守护着我们的安全。

杨科璋是一位消防英雄，在一次火灾救援中，他为了保护一名2岁女童，不幸从5楼坠下，用自己的生命完成了最后一次救援。

国之脊梁·平凡荣耀

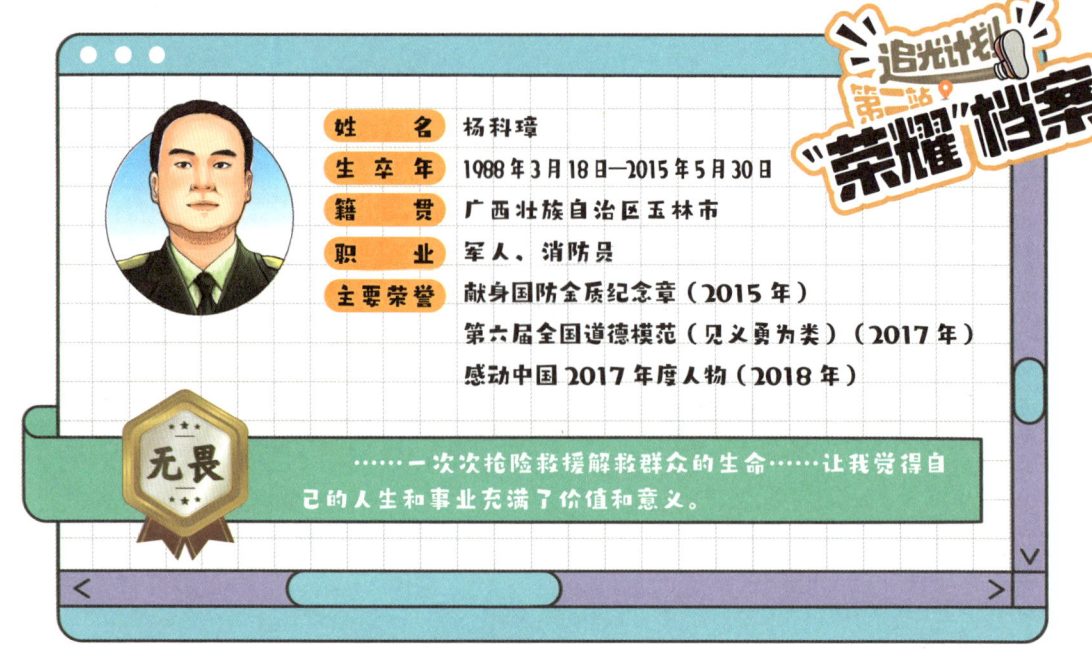

追光计划 第二站 "荣耀"档案

姓　　名	杨科璋
生 卒 年	1988年3月18日—2015年5月30日
籍　　贯	广西壮族自治区玉林市
职　　业	军人、消防员
主要荣誉	献身国防金质纪念章（2015年） 第六届全国道德模范（见义勇为类）（2017年） 感动中国2017年度人物（2018年）

无畏

……一次次抢险救援解救群众的生命……让我觉得自己的人生和事业充满了价值和意义。

追光计划 第三站 "荣耀"故事

勇往直前的消防军人

杨科璋出生于风景秀丽的玉林市，受到良好家风家教的影响，从小就具有正义感。2011年，杨科璋从桂林电子科技大学毕业后坚定地选择参军，以优异成绩考入并投身消防队伍，成为一名光荣的消防战士。

杨科璋历任玉林市消防支队北流中队副中队长、特勤中队副中队长，2014年12月至逝世前任玉林市消防支队名山中队政治指导员。

杨科璋清楚地知道，要想在工作中取得优异的成绩，仅有热情是不够的，还需要有扎实的灭火救援专业技能。因此，他坚持以身作则，严格要求自己，刻苦训练，深入钻研消防业务知识，努力提高灭火救援的能力。每当被分配到一个新的中队，他都会深入辖区，详细了解当地情况，并牢记辖区内每一条道路、小巷，每一个单位、场所，每一处水源的位置，确保能够在紧急情况下采取有效行动。

见义勇为，冲在救援最前线

"怕死不当兵，当兵不怕死。"这是杨科璋常挂在嘴边的一句话。他是这么说，也是这么做的。扑救火灾、应急救援，他总是站在最前列、最危险的位置。

有一次，杨科璋和同事一起前往农贸市场采购食材。经过一条偏僻的街道时，他们看到有人正遭到抢劫。杨科璋毫不犹豫地挺身而出，勇斗歹徒，成功救下了被劫持者。

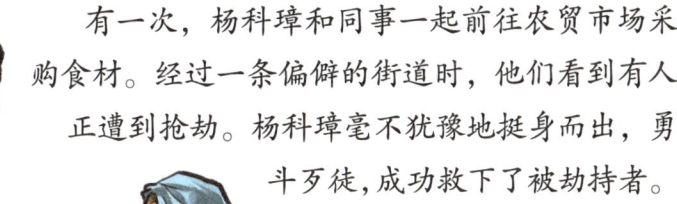

还有一次，杨科璋在休假期间去拜访一位同学。他刚到同学家楼下，突然听到楼上传来呼救声。他赶紧四处寻找声音的来源，发现8楼一名男孩被卡在防盗网格上，身体悬空，情况十分危急。他立即拨打电话请求支援，并迅速冲上楼去。他一边安抚孩子，一边组织在场的群众一起救援，指挥大家合力确保孩子的安全。消防队到达现场后，杨科璋从战友手中接过液压剪切钳，小心翼翼地剪断防护网，成功救出了孩子。

入伍4年间，杨科璋共参加200多次灭火和抢险救援任务，成功救援被困群众160多人。

最后一次救援

2015年5月29日晚上，玉林消防支队指挥中心接到报警：玉林市玉城街道新民社区泉源街的一栋9层民宅发生火灾，有人员被困。接到报警后，玉林支队迅速响应，立即调派了16辆消防车和65名官兵赶赴现场。

作为玉林市消防支队名山中队政治指导员，杨科璋主动请缨，带领3名战友组成搜救小组。

知识链接

空气呼吸器：消防员的防护装备之一，可以保护消防人员的呼吸系统，防止吸入粉尘、烟雾、有毒有害气体、微生物等，帮助消防员安全地完成灭火和救援任务。

他们携带了空气呼吸器、灭火防护服等救援装备，先登上与着火民宅毗邻的一幢6层民房的楼顶，然后通过两节拉梯与挂钩梯联用的方法，艰难地攀爬上着火房子的楼顶，最后进入大楼一层一层地搜救被困人员。

楼道内热浪滚滚，有毒浓烟弥漫，他们的视线严重受阻，稍有不慎就会撞到墙壁和台阶。杨科璋和战友们只能弯着腰，沿着楼梯艰难地往下搜寻。当他们到达6楼楼梯口时，听到5楼传来了隐约的拍门声。

杨科璋当机立断（在关键时机立即做出决断），冲进房间，找到了已经被浓烟熏得瘫软在地、痛苦呻吟的母子三人。杨科璋立即用空气呼吸器给他们供氧，并开始敲打窗户玻璃。消防官兵合力击碎了窗户玻璃，水柱喷射进来，降低了浓烟的浓度。

空气呼吸器的容量仅能支撑15~20分钟，形势越来越危急。2岁的女童不会使用空气呼吸器，一直在哭，几近昏厥。如果原地等候救援，女童便有生命危险；但是如果集体转移，装备又远远不够，大家束手无策（形容处于一筹莫展的困境，遇到问题没有解决的办法）。

在这生死关头，杨科璋坚定地说："大家不要慌，绝不能放弃！我先把小女孩救出去!"他用灭火防护服裹住女童,把她紧紧地抱在怀里,毅然打开了房门。

然而,现场能见度很低,女童又哭闹不停,杨科璋一边安抚女童,一边在昏暗中急切地寻找安全通道。突然,他一脚踏空,不慎跌落进一个未安装电梯的电梯井里,从5楼直坠而下……

当其他消防员在一层电梯口发现杨科璋时,他已经失去了意识。但他的双臂依然紧紧地抱着女童,把自己的身体当作女童的"保护垫"。

最终,女童幸运地活了下来,杨科璋却因伤势过重抢救无效,壮烈牺牲。他的生命永远停留在了27岁。

2015年6月1日,公安部批准杨科璋同志为烈士,并颁发献身国防金质纪念章。

为了纪念杨科璋,玉林消防支队在名山中队设立了杨科璋烈士纪念馆。名山中队还把杨科璋作为榜样,组织新报到的消防员到馆里参观学习他的先进事迹,把杨科璋精神传承下去。

2017年感动中国年度人物颁奖词这样评价杨科璋："有速度的青春，满是激情的生命，热爱这岗位，几回回出生入死，和死神争夺。这一次，身躯在黑暗中跌落，但你护住了怀抱中最珍爱的花朵。你在时，如炽烈的阳光；你离开，是灿烂的晚霞。"

在生死关头，杨科璋舍己为人，把生的希望留给了他人。他面对危险毫不退缩，用自己的生命践行了"人民消防为人民"的誓言。他的生命虽然短暂，却在人们心中留下了不可磨灭的印记。他的生命之火虽然熄灭，但他的精神之光将永远照亮前方。

亲爱的小读者，读完烈火英雄杨科璋叔叔的故事，你发现他的优秀品质了吗？你受到了哪些启示呢？快把你的感悟和家人、朋友分享一下，并在下面写一写吧！

司四文：爱写日记的村支书

扫码听音频

追光计划 第一站 漫画"荣耀"

小朋友，我们来做一道有趣的数学题。如果一本笔记本有170页，每页可以写300字，那么，25本笔记本一共能写多少字？

答案是120多万字！这真是个惊人的数字！

俗话说得好，"好记性不如烂笔头"，**司四文**自上任村委会主任第一天起，就开始记民情笔记。9年来，他把事情写在纸上，把群众放在心上，记录了25本民情日记。

笔记本上记录的事情越多，他为群众解决的问题也就越多。

如今，**欧家城村**面貌焕然一新，村民们的生活水平显著提高。

把群众的事情当作他自己的事情，司四文的这份责任与担当，让乡亲们交口称赞。乡亲们说："**司书记是我们这里最好的村支书！**"

"荣耀"档案

姓　名　司四文
籍　贯　陕西省渭南市
职　业　村支书
主要荣誉　渭南市优秀共产党员（2021年）

敬业

再没有一个使命比带领欧家城村走向繁荣更光荣，再没有什么事业比团结全村百姓共同致富更崇高。

 群众选了我，我就一定要好好干

2015年，在外创业的司四文被潼关县太要镇党委力邀回家乡欧家城村参选村委会主任。

生意做得好好的，为什么还要回村呢？他的老父亲第一个就反对。然而，当司四文看到邻近的两个村已经发展成先进村，自己的村庄却依旧贫困落后时，他陷入了沉思。

经过深思熟虑，司四文最终决定接受邀请，回去参加选举。最后，他当选村委会主任。他立志要带领村民们共同努力，摆脱贫困。

"2015年4月28日，群众选了我，我就一定要好好干。别的村能发展好，我们村也一定会更好……"这是司四文上任后写下的第一篇民情日记。

司四文一上任就着手改善村里的基础设施,并承诺村民们几件大事:修路修渠打机井、落实政策搞扶贫、带领群众共致富。

要想富,先修路。司四文决定先硬化村里的巷道和生产路,并且向大家承诺钱的事他来想办法。修路竟然不收费,这真出乎大家的意料。因为按照常理,巷道硬化通常会或多或少向村民收取费用。

司四文申请了项目资金,用了两年时间去硬化整修村里的巷道和生产路。看到崭新的道路,村民们都感叹,祖祖辈辈走的土路,如今变得平整又干净!司四文还组织修建了文化广场,修复了古寨楼,兴建了村史馆,实施了亮化、绿化、美化工程。村里的面貌焕然一新(一改旧貌,呈现出崭新的面貌或气象),村民们喜不自禁。

让村民的钱包鼓起来

"说一千道一万,增加收入是关键,没有什么能比让群众口袋鼓起来更让我有成就感。"为了壮大村集体经济,拓宽村民增收路子,司四文和其他村干部想了不少办法,也走过一些弯路。

2016年,村里规划了120亩地,司四文带领村民种植黄花菜。然而,黄花菜成熟后,市场行情却急转直下。每亩成本3 000元的黄花菜,收获时只能卖到1 000元,村民不仅没有挣到钱,甚至连成本都没收回来。

"2019年7月12日,天气阴。我的心情也像这天气一样沉重。大家伙儿信任我,但黄花菜产业却没让大家赚到钱。""发展产业不能人家干啥咱也干啥,必须要符合实际村情。"司四文在日记中深刻反思了这件事。

司四文没有灰心,他又带领村干部四处进行调研,谨慎地挑选合适的项目,最后决定尝试发展生猪养殖。然而,鉴于上次的失败经历,村民们这次都变得小心谨慎(形容说话、做事非常慎重,不敢松懈大意),担心再次遭受损失。面对村民的担忧,司四文和村干部先自掏腰包出资20万元,然后挨家挨户上门动员村民。这次的努力总算有了回报——村养殖场每年大约能出栏6 000头生猪,养殖场屋顶上还安装了光伏发电板,这些每年能为村集体带来20多万元的收入。

> **知识链接**
>
> 光伏发电:一种将太阳光辐射能量直接转化为电能的发电技术,是我国应用最广泛的太阳能发电方式。主要利用的是半导体界面的光生伏特效应。

如今,欧家城村的花椒种植、生猪养殖、羊角蜜种植等产业发展得越来越好,村集体经济不断壮大。

 不让一个人掉队

如果村民有好的创业想法，司四文会大力支持，并且帮忙找银行争取贷款，帮助村民慢慢走上富裕的道路。

在司四文的日记里，欧战平的名字频繁出现。欧战平家庭贫困，家中只有7亩地，父母患病，还要抚养两个小孩，在2017年被精准识别为贫困户。2019年，经过司四文多次沟通和劝说，欧战平终于愿意去村里的生猪养殖场工作。2021年，欧战平一家从村集体的分红中分到了7 500元。

"2022年3月10日，天气阴。战平来找我，说他也想建猪场，问我能不能帮他问问怎么贷款。在养殖场工作一段时间后，战平决定加入生猪养殖这个产业。我心里高兴极了！我们村发展得越来越好，我的愿望就是：共同富裕路上，不少一人。"如今，欧战平不但脱了贫，自己也投资加入了养殖业。

2018年，李永民家成功脱贫。2017年以前，李永民每月打零工赚的千把块钱是一家6口人的全部收入。2017年，村里举办了月嫂技能培训会，李永民的妻子葛红玲积极参加。出人意料的是，葛红玲上班的第一个月就拿到了近4 000元工资。随着经验的积累，她的月收入已经增长到八九千元。李永民满怀感激地说："多亏了村上的就业培训，改变了我们一家人的生活。"

2020年，欧家城村完成脱贫。2023年年底，全村人均纯收入增至2.1万元。司四文把村里的变化都记在自己的日记本上，并且经常翻看，总结经验。

司四文的25本民情日记，如同一套厚重的大书，记录的是真情，凝聚的是人心。如今，村民们都知道他们有个爱写日记的村支书（2019年司四文当选为村党委书记）。大家都说，书记在日记本上记的事情越多，村里待解决的事情就越少，发展也就越好。

在过去的 9 年里,司四文已经记满了 25 本笔记本,累计写下了 120 多万字的民情日记。他全心全意为村民服务,把村民的事当成自己的事去办,真正做到了**敢于付出、乐于奉献**,有责任、有担当。

司四文的日记本越写越多,欧家城村获得的荣誉也越来越多——"全国综合减灾示范社区""陕西省美丽宜居示范村""渭南市脱贫攻坚先进村""市级文明村"……

亲爱的小读者,读完司四文叔叔这位优秀村支书的故事,你受到了哪些启示呢?快把你的感悟和家人、朋友分享一下,并在下面写一写吧!

古郡红骑:见危即扶,见困即帮

扫码听音频

有这样一些人,他们每天穿梭在城市的大街小巷,为千家万户送去温暖和便利。

他们会尝试用一切方法来完成任务。

他们会帮助居民修电器、洗车、炒菜、抓小偷……他们拥有一颗**乐于助人**的爱心。

在河北省邢台市巨鹿县政府基层治理新模式的感召下,一群心怀大爱的**外卖员**和**快递员**组成了"古郡红骑"志愿服务队。

他们积极地将日常工作途中发现的道路破损、乱扔垃圾等问题,以图、文形式上报至"巨好办"服务平台,为基层治理贡献自己的力量。

国之脊梁·平凡荣耀

第二站 "荣耀"档案

姓　　名	"古郡红骑"志愿服务队
成立时间	2022年
地　　区	河北省邢台市
队员职业	外卖员、快递员
主要荣誉	最美"古郡红骑"志愿者（2024年）

责任：成为志愿者后，感觉多了一份责任。对我们来说是举手之劳，可能就帮别人解决了大麻烦。

第三站 "荣耀"故事

 "古郡红骑"志愿服务队成立了

在河北省邢台市巨鹿县，有一支由外卖员和快递员组成的"古郡红骑"志愿服务队。他们穿梭于大街小巷，为当地居民排忧解难，传递着温情和关怀。

"古郡红骑"志愿服务队成立于2022年，是巨鹿县委组织部、县委"两新"工委为了激励引导新就业群体深度参与基层治理而组建的。

> **知识链接**
> "两新"工委：依托党委组织部门成立的"中国共产党非公有制企业和社会组织工作委员会"或"中国共产党非公有制经济组织和社会组织工作委员会"的简称。

自成立以来，服务队吸纳了150多名快递员和外卖员。他们利用自己的职业优势，主动参与社区服务工作，如进行巡逻、楼道清洁、共享单车摆放、安全隐患排查、文明风尚宣传等力所能及的志愿服务行动。截至2024年3月，"古郡红骑"志愿服务队已经成功解决了955项问题，有711人次参与了志愿行动。

 "古郡红骑"在行动

对"古郡红骑"志愿服务队的队员而言，随时伸出援手已经成了他们的生活习惯。快递员会在捡到人们遗失的钥匙、手机、钱包等物品后主动寻找失主，会向迷路的孩子和不慎摔倒的老人伸出援手。

2024年5月11日，巨鹿县居民王先生的妻子和儿子满怀感激地将一面印有"热心助人 大爱相传"的锦旗送到了外卖员李良军手中，对他救助王先生表示感谢。原来，4月8日那天深夜，正下着雨，外卖员李良军在送餐途中，遇到了骑电动车不慎摔倒在地、难以起身的王先生。李良军顾不上多想，立刻上前询问王先生的伤势，并拨打了急救电话和报警电话，还一直在原地守候。当急救车到达时，李良军将王先生扶上车，然后默默地离开了。

王先生清醒后，和家人共同寻找了一个多月，终于找到了救人的外卖员李良军。面对王先生家人的再三感谢，李良军谦逊地说："当时正好让我给碰上了，我想是谁碰到了都会这样做的。"

90后外卖员丁晓梅是"古郡红骑"志愿服务队的一员,一次骑车送餐到达一个小区时,听见不远处传来一阵哭声。丁晓梅循着声音望去,看到一位白发苍苍的老人正在艰难地扶起一辆侧翻倒地的三轮车,老人旁边的孩子在哇哇大哭。那辆三轮车相当沉重,老人扶得十分吃力。丁晓梅立即停下外卖车,上前帮老人将三轮车扶起。经过询问,丁晓梅确认老人和孩子都没有受伤后才安心地继续去送餐。

快递员宋晓勇在送快递的路上,总是会做一些力所能及的义举。一天,他送快递时经过东安街,发现便道上一个井盖处有水在不停地往外涌,路面上已经有了积水,路过的行人只能踮脚通过或选择绕行。宋晓勇立即将这一情况报给志愿服务队,并找来一些板砖铺在积水中,方便行人通过。在志愿服务队的联络下,小区物业人员很快带着工具赶来进行维修。物业工作人员胡龙强感激地说:"多亏志愿服务队告知,我们才能及时处理。否则时间再长些,住在一层的居民家中可能会返水倒灌,那时候损失就大了。"

2024年5月,巨鹿县开展了"古郡红骑"全民国家安全教育宣传活动。在这次活动中,"古郡红骑"的志愿者们充分发挥他们的职业优势,变成了流动的安全宣传员。他们走街串巷,把国家安全知识宣传页发放给群众,让大家了解国家安全的重要性。在活动期间,他们共发放了2 000多份国家安全宣传材料,可以称得上是国家安全宣传的"先锋骑手"。

 "古郡红骑"行动在继续

为了激发快递员和外卖员参与基层社会治理的热情,巨鹿县委"两新"工委联合当地的银行、商超、药房等单位,推出了一项名为"积分善治"的活动。在这个活动中,新就业群体通过认领志愿服务、提供问题线索、实施爱心善举等方式,可以获得积分奖励。这些积分可以用来兑换生活用品。

古郡红骑 见危即扶，见困即帮

为了改进对新就业群体的服务形式，巨鹿县委社会工作部、县委"两新"工委采取了一系列措施，为外卖员和快递员提供了友好的工作环境——针对外卖员、快递员进门难、休息难、就餐难、职业技能提升难等问题，通过打造"友好村居""友好社区""友好商圈""友好企业"的方式，提高他们在工作过程中的便利性和舒适度。

如今，越来越多的外卖员和快递员加入"古郡红骑"志愿服务队。他们将继续散发自己的光和热，为当地基层治理添砖加瓦（比喻为某项事业做一点贡献），为巨鹿县的繁荣发展贡献自己的力量。

国之脊梁 · 平凡荣耀

"古郡红骑"志愿服务队,这支由快递员和外卖员组成的爱心志愿服务队,已经成为巨鹿县众多社区中不可或缺的一部分。他们不仅为居民提供配送服务,还积极参与基层治理和志愿服务活动。他们**在平凡的岗位上展现出不平凡的责任与担当**,为基层治理注入了新的活力,**用爱心和善良温暖着每一个人。**

亲爱的小读者,读完"古郡红骑"志愿服务队的故事,你是否发现了他们深受大家喜爱的原因呢?你受到了哪些启发呢?快把你的感悟和家人、朋友分享一下,并在下面写一写吧!

刘玲琍：让无声的世界开满鲜花

扫码听音频

追光计划 第一站 漫画"荣耀"

作曲家贝多芬，在二十多岁时开始感到听力日渐衰弱，到四五十岁时完全失去听力，但这并没有阻止他后期的音乐创作。

你可能会想，如果一个人先天失聪，他还能学会用语言交流吗？事实上，他可以去专门的特殊教育学校，学习"语言交流"的方法。

特殊教育学校的孩子们能够学习知识，离不开老师们的辛勤付出和悉心指导。老师们用爱和智慧点亮了孩子们的生命！

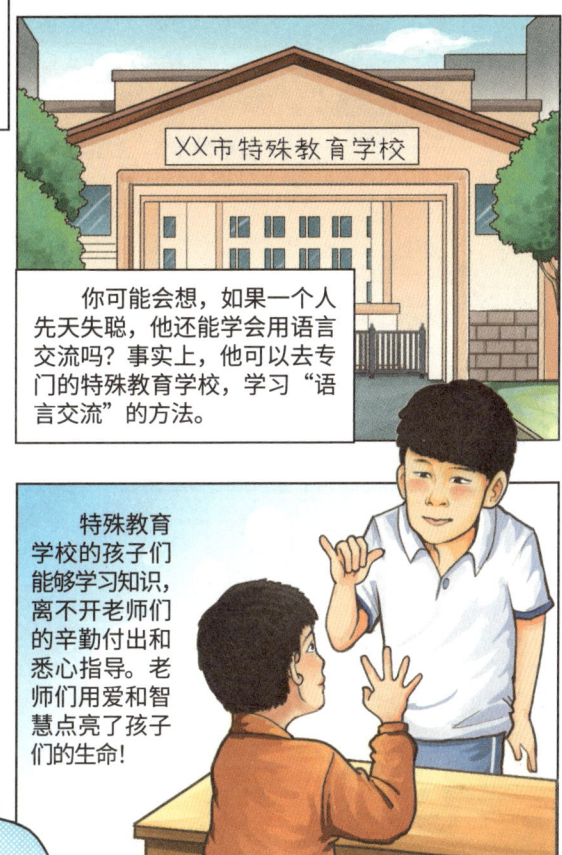

在特殊教育学校工作了30多年的刘玲琍，自创唇舌操，自编语训教材，帮助许多听障孩子开口说话，使他们能够融入社会，成为对社会有用的人。

听障孩子们的"刘妈妈"——**刘玲琍**，自幼受邻居听障患者王阿姨的影响，立志要成为一名优秀的**特殊教育老师**。

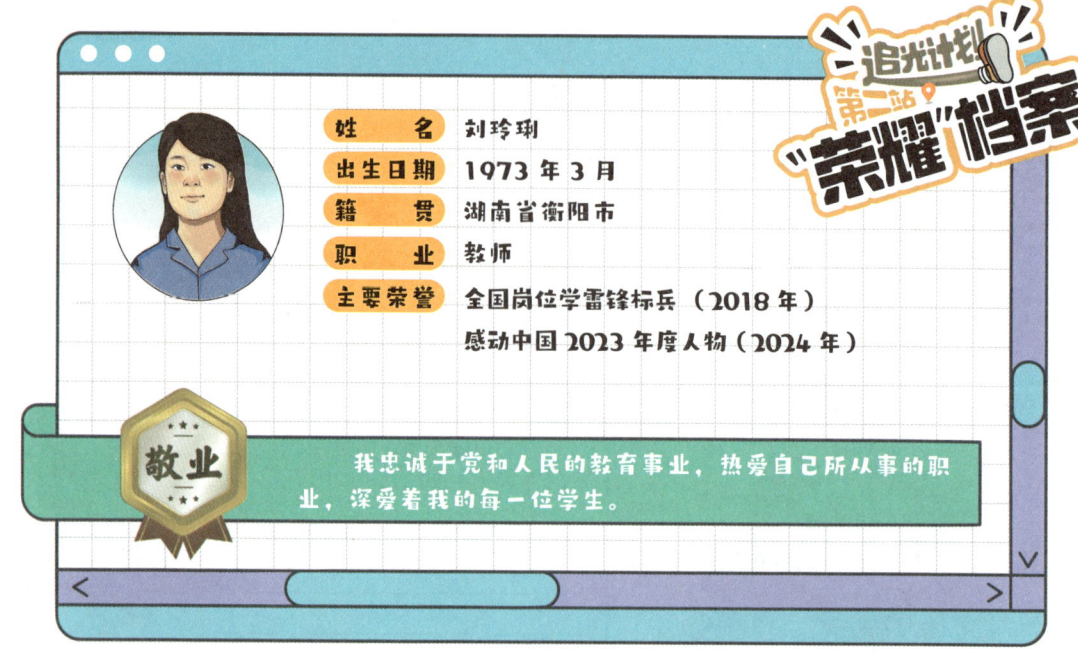

开启特教的职业生涯

在一所特殊的学校里,一群特殊的孩子总能见到一个忙碌且亲切的身影,她就是湖南省衡阳市特殊教育学校的教师刘玲琍。在孩子们寂静无声的世界里,她用爱心为他们照亮了未来的路。

1973年3月,刘玲琍出生于湖南省衡阳市的一个普通工人家庭。与许多孩子梦想成为科学家、警察、医生不同,刘玲琍的理想很特别:她立志成为一名从事特殊教育的老师。那么,究竟是什么促使她产生了这样的想法呢?

特殊教育:运用特殊的方法、设备和措施,对特殊人群进行的教育。

原来,刘玲琍与特殊教育结缘,始于她小时候的邻居王阿姨。王阿姨是一位听障人士，既不认识字又不能说话。

有一次，刘玲琍到王阿姨家玩，看见王阿姨不停地用手比画，但刘玲琍无论怎么努力尝试，也没能理解王阿姨所想要表达的意思。直到王阿姨的丈夫出面解释，刘玲琍才恍然大悟，原来王阿姨是想送给她一条围巾。刘玲琍心想，如果王阿姨能说话就好了。从此，当特殊教育老师的念头在她心中生根发芽。于是，她下定决心报考特殊教育专业。

14岁那年，刘玲琍被南京特殊教育师范学校（今南京特殊教育师范学院）录取。

4年后，刘玲琍以优异的成绩毕业了。她回到家乡，在衡阳市聋哑学校（今衡阳市特殊教育学校）任教，担任一年级听障班的语文老师和班主任。

见证"铁树开花"的奇迹

第一次站在讲台上时，18岁的刘玲琍面对有听力障碍和有智力障碍的孩子，心里不免有些想要退缩。但是，当她想到邻居王阿姨艰难地表达自己想法的样子，她便暗下决心：既然选择了特殊教育这条路，就要坚定地走下去。

为了更好地和孩子们交流，刘玲琍每天坚持自学手语。在生活上，刘玲琍无微不至地照顾孩子们，不仅教他们洗脸、洗衣服、剪指甲，还会到宿舍帮他们整理衣被、清洗被套。每当有孩子生病，她总是第一时间带孩子去看病。

刘玲琍真心为孩子们付出，孩子们也真切地感受到了刘老师对他们的爱。孩子们越来越喜爱这位像妈妈一样的老师。尽管发音不标准，他们依

国之脊梁·平凡荣耀

然会用语言向刘玲琍表达喜欢,会充满感情地称呼她为"妈妈"。

2005年,32岁的刘玲琍迎来了自己的孩子。然而不幸的是,她的儿子8个月大时被诊断出患有先天性神经性耳聋。这个消息对刘玲琍来说犹如晴天霹雳(晴天突然响起了又急又响的雷。比喻突然发生的令人震惊的事情),但她并没有放弃,而是决定积极面对。刘玲琍开始翻阅大量资料,每天帮助孩子提升说话的能力。

2008年,衡阳市特殊教育学校开设了学龄前聋儿康复语训班,刘玲琍主动请求担任该班的班主任。她凭借教授自己儿子说话的经验,不仅

> **知识链接**
>
> **神经性耳聋**:由于螺旋器毛细胞、听神经、听觉传导经路或各级神经元受损害导致的声音感受与神经冲动传递障碍造成的听力减退,临床上统称之为感音神经性耳聋。它的发生与遗传、药物、感染等因素有关。

给孩子们上课,还自编教材,创新性地开发了唇舌操、触摸法和情境教学法。

让听障孩子说话,真的是难如登天。

为了让孩子们学会说话,刘玲琍一对一教学,耐心地让他们通过触摸她的嘴巴、喉咙和鼻子来感受说话时气息的有无和大小,感受声带的振动,寻找发音时的正确位置。在学习舌根音时,她甚至会让孩子把手伸进她的嘴里,以便孩子能够直接感受到发音时舌头的正确位置。孩子们要想准确掌握每一个字的发音,使自己的发音接近正常人的水平,需要反复跟读上百遍。

天道酬勤,刘玲琍用汗水浇灌的花朵迎来了盛开的时刻。经过多年的努力,克服重重困难的孩子们终于能够像正常人一样开口说话,很多孩子还能够进入普通学校随班就读。让听障孩子学会说话,刘玲琍真的创造了"铁树开花"的奇迹。

 为更多残障人士发声

铁打的刘老师,流水的学生。30多年过去了,刘玲琍依然坚守在特殊教育的讲台上。她培养的学生,如今都拥有了各自光明的人生。在刘老师教过的80多名学生中,有20多人成功考上了大学,其中包括天津理工大学、长春大学等知名学校。没有考上大学的学生也通过职业教育掌握了一技之长,有的学生成了优秀的舞蹈演员、设计师、糕点师、园艺师,还有的在毕业后选择回到特殊教育学校当老师。

看到孩子们能像普通人一样走向不同的工作岗位,刘玲琍感到无比幸

福。当看到孩子们找到工作，能够 自食其力（凭自己的劳动来养活自己），并且拥有幸福的家庭时，她发自内心地感到喜悦。她不仅希望自己的学生能拥有美好的未来，还希望自己能为更多的特殊教育学校提供建议和帮助。

2023年，刘玲琍当选为第十四届全国人大代表。她积极为残障人士发声，2024年，提交了《关于促进特殊教育学校毕业生就业的建议》《关于促进特殊教育的学前教育和职业教育发展的建议》等。同时，她还呼吁社会各界加强宣传残疾人就业和创业成功的案例，树立典型，通过榜样的力量，激励和带动更多残疾人走上就业、创业之路。

刘玲俐 让无声的世界开满鲜花

刘玲俐在特殊教育领域已经默默耕耘了 30 多年，**用她的耐心和辛勤工作改变了众多特殊儿童的人生。**她不仅教会孩子们讲话，教他们学习知识，更用爱照亮了他们前进的道路，温暖了他们的心灵。对这些孩子来说，刘玲俐不仅是他们的老师、"妈妈"，更是他们人生的希望。

亲爱的小读者，读完刘玲俐阿姨的故事，你受到了哪些启示呢？快把你的感悟和家人、朋友分享一下，并在下面写一写吧！

桂海潮：实现自己的"飞天梦"

扫码听音频

很多人在童年时都有一个"飞天梦"，想要飞到天上触摸那些璀璨的星星。

2003年，神舟五号载人飞船发射成功，杨利伟成为『中国飞天第一人』。

高中时期的桂海潮有一个梦想：做一名像杨利伟那样的航天员，飞上太空。为了实现自己的梦想，桂海潮奋发图强，持续奋斗着。

若想进入航天员大队，需要经过艰苦训练，历经重重考验。桂海潮坚持练习，终于光荣入选神州十六号乘组。

2023年，桂海潮随神舟十六号载人飞船飞上太空，圆满完成了出舱活动、空间科学实验与技术试验等多项既定任务，获得了『英雄航天员』的荣誉称号。

桂海潮 实现自己的"飞天梦"

追光计划 第二站 "荣耀"档案

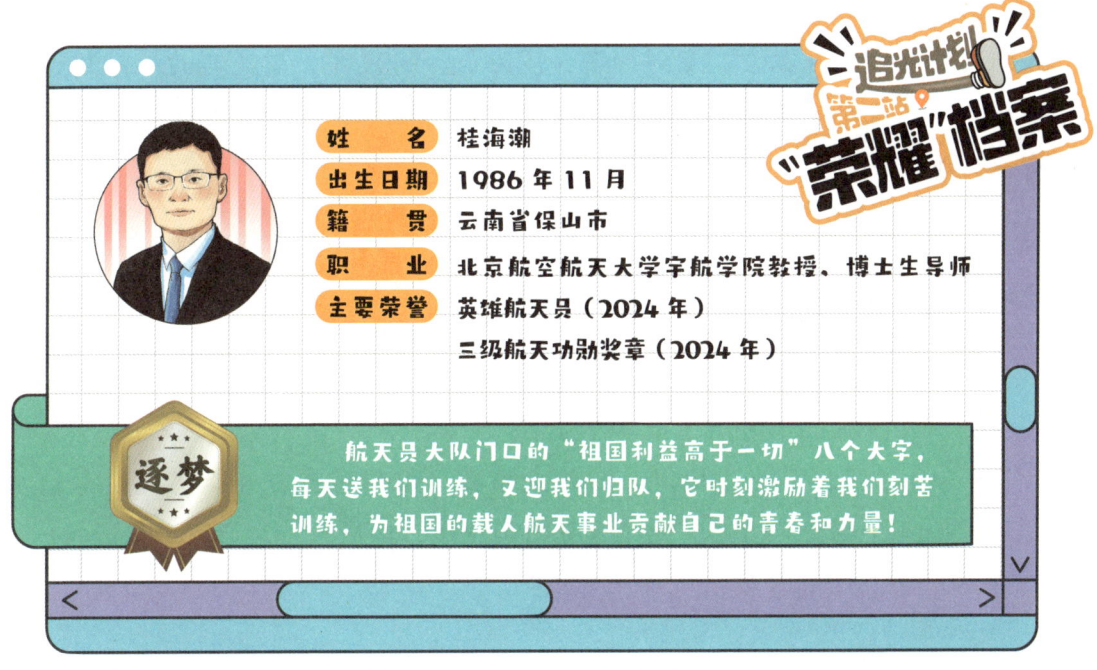

姓 名	桂海潮
出生日期	1986年11月
籍 贯	云南省保山市
职 业	北京航空航天大学宇航学院教授、博士生导师
主要荣誉	英雄航天员（2024年） 三级航天功勋奖章（2024年）

逐梦：航天员大队门口的"祖国利益高于一切"八个大字，每天送我们训练，又迎我们归队，它时刻激励着我们刻苦训练，为祖国的载人航天事业贡献自己的青春和力量！

追光计划 第三站 荣耀故事

我也想当航天员

"5，4，3，2，1，点火！"随着火箭发射的口令的发出，2023年5月30日，搭载神舟十六号载人飞船的火箭发射升空！航天员乘组状态良好，发射取得圆满成功。

神舟十六号的3名航天员一亮相，作为此次航天员之一的桂海潮就备受瞩目（指很受关注）。人们都在议论："咦，航天员怎么还戴眼镜呢？""呀！还是大学教授！""还是我国首位非军人航天员！""这也太酷了吧！"其实，他不仅是北京航空航天大学的教授，还是中国执行载人飞行任务的首个载荷专家。

国之脊梁·平凡荣耀

1986年，桂海潮出生在云南省的一个普通农村家庭。他从小就喜欢读书，遇到问题喜欢深入探索，直到彻底弄懂为止。2003年，读高二的桂海潮听到杨利伟乘坐神舟五号载人飞船探索太空的新闻时，深受震撼。他梦想着有一天能和杨利伟一样，成为一名航天员，飞上太空。

为了实现成为一名航天员的梦想，桂海潮更加刻苦地学习。2005年高考，他以全县理科第一名的优异成绩被北京航空航天大学飞行器设计与工程专业录取。

进入大学后，桂海潮依然分秒必争（指一分一秒也一定要争取。形容抓紧时间），勤奋学习，最终，他以卓越的成绩被保送研究生，并提前攻读博士学位。2014年博士毕业后，他又选择出国深造，从事博士后研究。2017年，31岁的桂海潮回到母校，从事相关工作。

从确立梦想到一步步向梦想靠近，桂海潮经过了十几年的不懈努力，离"飞天"的梦想越来越近了。

我的飞天梦想实现了

2018年5月，我国启动第三批预备航天员选拔工作。与以往不同的是，这次选拔不仅包括航天驾驶员，还新增加了航天飞行工程师和载荷专家两个类别，会从相关高校和科研机构中选拔。

知识链接

载荷专家：在空间站中从事某项科学研究和实验工作的科研人员。候选对象需要满足身体素质、教育程度、专业范畴等相关条件。

桂海潮听闻这个消息后激动不已，立刻报名。桂海潮的身体素质虽然极佳，但航天员的选拔和训练对他来说仍然是巨大的挑战。在航天员训练中，桂海潮要经受8大类、200多项科目的严格训练，如果有一项通不过考核，他就会失去"上天"的机会！

进行离心机训练时，航天飞行工程师、载荷专家必须要承受住8G（8倍重力加速度）的过载，才算达标。但普通人最多能承受4G左右的过载，一旦超过这个数值，便会出现恶心、耳鸣和眩晕的情况。

承受8G的过载是什么概念呢？形象地讲，相当于8个自己压在身上。桂海潮说，做训练时他们的脸会变形，胸部感觉到极度的压迫，从而变得呼吸困难，"眼泪也会不由自主地往外流，根本控制不住"。

在离心机训练中，航天员手边有一个红色按钮，如果他们觉得无法继续承受，可以选择按下按钮来终止训练。

然而，自从1998年中国航天员大队成立以来，20多年没一个航天员按下过这个按钮。在所有航天员心中，这个按钮是根本不存在的。对于他们来说，不按下按钮，就是一种信念、一种意志！

除此之外，桂海潮还需要经历潜水训练、沙漠生存挑战、睡眠剥夺实验等。桂海潮没有被这些高强度的训练内容吓倒，相反，他还会在体能训练课后自我加练，不断提高自己的耐受力。

经过严格训练和层层选拔，桂海潮最终从2 500人中崭露头角，成为4名预备载荷专家之一，也是唯一一位来自高校的载荷专家。2022年6月，36岁的桂海潮被选为神舟十六号飞行乘组的一员，成为我国首位戴眼镜的非军人航天员，也是首位飞天的载荷专家。

至此，桂海潮的飞天梦想终于成真。

 在太空出差的大学导师

2023年5月30日，桂海潮和乘组同志一同搭乘神舟十六号载人飞船进入太空，正式踏上了他们的"摘星"之旅。

国之脊梁·平凡荣耀

桂海潮的学生们自豪地说："我们的导师去太空出差了！"那么，这位去太空"出差"的桂老师在太空中都执行了哪些任务呢？

桂海潮所在乘组的在轨工作主要包括：一是驾乘载人飞船交会对接和返回；二是照料空间站组合体平台；三是乘组自身健康管理；四是进行在轨实（试）验；五是开展科普及公益活动；六是进行异常情况处置。

> **知识链接**
>
> 交会对接：指两个航天器在预定的轨道位置和时间相会合，并在结构上连接起来的过程。交会和对接涉及航天器轨道控制和航天器姿态控制，主要由航天器控制系统完成。

桂海潮与同伴们在真实的太空环境中开展了"天宫课堂"太空科普课，向全国青少年展示了他们在空间站梦天实验舱的工作与生活场景。他们还演示了球形火焰、奇妙"乒乓球"、动量守恒、又见陀螺等一系列有趣的实验，并详细讲解了这些实验背后的科学原理。

2023年10月31日，神舟十六号载人飞船返回舱在东风着陆场安全着陆，神舟十六号载人飞行任务取得圆满成功。

桂海潮,一位从云南农村走出来的航天员,他的故事是知识改变命运的真实写照。桂海潮通过**不懈的努力和奋斗**,终于实现了自己年少时的梦想。他不仅在学术上有卓越的成就,还是我国首位非军人航天员和飞天载荷专家,作为神舟十六号飞行乘组的一员,他在太空探索中发挥着自己的作用。他的故事告诉我们:**只要怀揣梦想,勇于追求,加上不懈的奋斗,人生就会有无限的可能性。**

亲爱的小读者,读完桂海潮叔叔这位优秀航天员的故事后,你发现他实现梦想的秘密了吗?你受到了哪些启示呢?快把你的感悟和家人、朋友分享一下,并在下面写一写吧!

夏森：为教育扶贫尽心力

扫码听音频

孩子收到**大学录取通知书**时，很多家庭沉浸在欢乐的气氛中。父母满心欢喜，孩子则对大学生活充满期待。

但是有一些家长和孩子会感到忧愁。面对高昂的学费和生活费，他们**一筹莫展**。

陕西省商洛市丹凤县地处秦岭东段，这里曾经是国家扶贫开发工作的重点县，是国家的深度贫困县。一些孩子因为家庭经济困难而无法实现自己的大学梦。

截至2021年，**夏森和丈夫**节衣缩食，累计捐赠金额达203.2万元，帮助180多位贫困学生圆了大学梦。夏森和丈夫的行动改写了众多学生的命运。

夏森的爱心，给贫困学子们带来了**希望之光**。2013年，她和丈夫捐资100万元，设立了"夏森助学金"，用来**资助贫困家庭的大学生**上学，以缓解他们的经济压力。

夏森　为教育扶贫尽心力

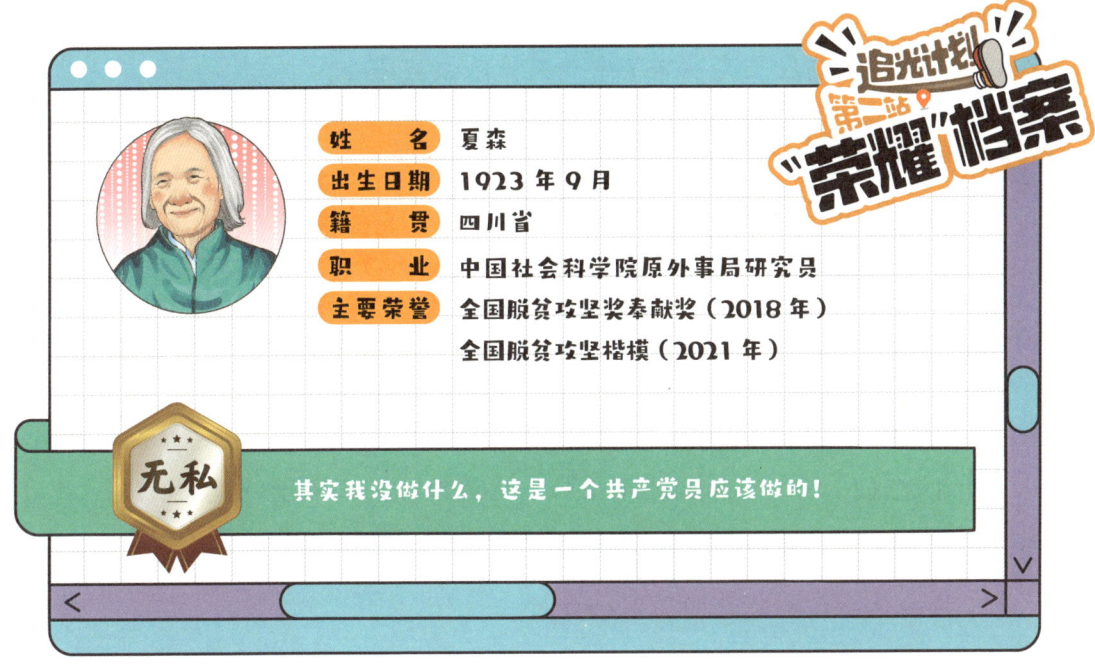

姓　　名	夏森
出生日期	1923 年 9 月
籍　　贯	四川省
职　　业	中国社会科学院原外事局研究员
主要荣誉	全国脱贫攻坚奖奉献奖（2018 年） 全国脱贫攻坚楷模（2021 年）

无私

其实我没做什么，这是一个共产党员应该做的！

 成为一名坚定无私的共产党员

在 2021 年全国脱贫攻坚总结表彰大会上，一位身材瘦弱、白发苍苍的老奶奶坐在轮椅上，缓缓上台，领取了"全国脱贫攻坚楷模"荣誉证书。这位 98 岁的老人，正是夏森。

1923 年 9 月，夏森出生于四川。在她小时候，她的父亲经常慷慨资助中共地下党，她的叔叔从事党的地下工作。夏森从小受中国共产党抗日救亡思想的熏陶，14 岁那年，便毅然决然地放弃优渥的生活，坚定地投身革命，奔赴延安。

1938 年 4 月，夏森光荣地成为一名中国共产党党员。

在延安，夏森进入中国人民抗日军政大学学习，不仅接触了马克思主义，阅读了《共产党宣言》，还亲耳聆听过毛泽东、周恩来、刘少奇等领导人的演讲，逐渐成长为一名坚定的无产阶级战士。

解放战争时期，夏森曾在我军东北总司令部等部门从事革命工作。中华人民共和国成立后，她先后在中国科学院理论教育处、中国科学院文学研究所、中国社会科学院外事局等单位工作，致力于文化教育事业。

在工作中，夏森目睹了很多孩子吃不饱、穿不暖的状况，所以尽管自己生活简朴，她也总是竭尽全力帮助那些需要帮助的人。

夏森曾说："我对百姓饥寒交加、惨遭欺凌的旧社会深恶痛绝，立志要让穷人都过上好日子，让孩子们都有学上。14岁参加革命，15岁加入共产党，为的是什么？就是为了这个目标。"

帮贫困学子圆了大学梦

2006年，83岁的夏森前往陕西省商洛市丹凤县进行考察调研。她一走进丹凤县龙驹寨镇西街小学（现丹凤县第一小学），看到的是坑坑洼洼、泥泞不堪（本义指道路艰难不好走；今义多形容眼前形势很不乐观）的操场，又低又矮、破烂不堪的土木结构的教室，教室里残缺不全的桌椅。看着孩子们的学习环境这么艰苦，夏森很是心疼，她当即向学校捐赠2万元，用于购买新的桌椅，剩余的钱用于购买书包、字典等学习用品。两年后，夏森再次为这所学校捐资2万元，用于奖励优秀少先队员和"三好学生"。

知识链接

丹凤县：位于陕西省东南部，秦岭东段南麓，因县城襟带丹江、背依凤冠山而得名。

从那时起，夏森和丈夫汝信一起，开始了他们长期的捐资助学之旅。

2008年9月，夏森再次慷慨解囊（毫不吝啬地解开钱袋拿出财物。形容豪爽大方地在经济上帮助他人），为当时的丹凤县龙驹寨镇赵沟小学捐资20万元，兴建了一座新的教学楼。

2013年，夏森和丈夫决定拿出手中多年的积蓄，捐资100万元，设立"夏森助学金"，用来资助贫困家庭（陕西省商洛市丹凤县和江西省赣州市上犹县）的高三学生和大学生上学，解决他们的经济难题，鼓励他们继续努力学习。

从2015年起，夏森每年都会从"夏森助学金"中支出11.8万元，专门用于资助20名被大学录取的丹凤县贫困学生，直到他们完成大学学业。2016年9月，夏森再次伸出援手，捐赠6.4万元，帮助32名环卫工人家庭的孩子圆了大学梦。同年,她还捐赠了6.3万元,为上犹县社溪中学购置了教学广播设备。

2017年,除了继续通过助学金帮助学生,夏森又额外捐赠2万元,资助丹凤县和上犹县的4名贫困大学生上学。

从2006年起,夏森和丈夫几乎倾尽所有,将省吃俭用积攒下来的退(离)休金,慷慨捐赠给陕西省丹凤县和江西省上犹县。他们的捐赠总额达到了203.2万元,帮助180余位贫困学生实现了他们的大学梦。

生命不息,奉献不止

> **知识链接**
>
> 脱贫攻坚:中国要在规定的较短时限内,动员和组织全社会各方面的力量,确保农村贫困人口全部摆脱贫困,确保贫困县全部脱贫摘帽。

为了供孩子们上学,夏森和丈夫汝信过着简朴的生活。95岁之前,他们依然坚持自己买菜做饭,剩菜、剩饭也舍不得倒掉。他们吃的是最普通的饭菜,穿着也非常朴素。

2021年,在全国脱贫攻坚总结表彰大会上,夏森穿的灰色毛衣是15年前买的,却是她认为最适合的领奖服装。

接受过夏森助学金资助的学生们,无论是考入清华大学的学子,还是投身扶贫事业的干部,或是远赴新疆支教的教师、救死扶伤的医生……他们都有一个共同的愿望:成为像夏森奶奶那样乐于助人的人。他们愿意将这份爱心传递下去,帮助更多的人摆脱贫困。

夏森不仅设立了助学基金会,还多次资助需要帮助的个人或组织。

2008年,她捐出了2万元积蓄支援汶川地震灾区;2020年,为了支持新冠肺炎疫情防控工作,她再次捐出了10万元。

2018年,夏森荣获全国脱贫攻坚奖奉献奖;2021年,她荣获"全国脱贫攻坚楷模"称号。

面对这些荣誉,夏森谦逊地表示:"我是参与脱贫攻坚战的一名老党员,做这些是我的本分,我只是做了共产党员应该做的事情。"

生命不息,奉献不止!这位党员的故事,激励着更多人投身于社会发展的伟大事业中。

夏森，这位令人尊敬的百岁老人，**无私奉献**，在全国脱贫攻坚工作中做出了巨大贡献。**她设立的"夏森助学金"，帮助无数贫困家庭的学生完成学业，圆了他们的大学梦，从而改变了他们的人生轨迹。**

夏森奶奶用自己的行动告诉我们什么是**大爱无疆**，什么是共产党员的初心和使命，她**无私奉献**的精神激励着每一位受资助的学生。

亲爱的小读者，读完夏森奶奶的故事后，你发现她的哪些行为值得学习呢？你受到了哪些启示呢？快把你的感悟和家人、朋友分享一下，并在下面写一写吧！

姓　名　王继才、王仕花
籍　贯　江苏省连云港市
职　业　守岛人
主要荣誉　感动中国2018年度人物（2019年）

坚守　开山岛就是我的家，如果哪天真出事了，就把我埋在岛上，让我一辈子陪着国旗！

你守岛，我守你

在江苏省连云港市灌云县流传着一首歌谣："石多泥土少，台风时常扰；飞鸟不做窝，渔民不上岛。"

歌谣里的这座岛就是开山岛。开山岛位于灌云县灌河入海口，远离大陆。岛上的气候恶劣，夏季酷热难耐，冬季寒风刺骨，时不时遭受台风侵袭。岛上还怪石嶙峋、陡峭险峻，植物难以生长，生活条件十分艰苦，人迹罕至。

尽管开山岛的面积仅有 0.013 平方千米，大约相当于两个足球场的面积，但这个小岛是我国的"黄海<u>前哨</u>"，具有举足轻重（有权势的人在两者之间，只要举足移步，就会打破均势，影响两

知识链接

前哨：向敌军所在方向派出的警戒小分队。

边的轻重。后用于形容所处地位重要，一举一动对全局有重大影响）的作用，因此必须有人常年驻守。

然而，面对艰苦、恶劣的环境，谁又愿意承担起这份重任呢？灌云县人民武装部曾经先后派过10多位民兵前往岛上守岛。其中，有人仅仅踏岛几天就要离开，其他人干得最长的时间也不过13天，没有人愿意留下来。

1986年7月，灌云县人民武装部部长找到时任生产队队长兼民兵营长的王继才，请他上岛守岛。他毫不犹豫地接受了这个任务，义无反顾地前往开山岛。

48天后，王继才的妻子王仕花才得知丈夫守岛的消息。她带着女儿前往岛上探望，望着眼前胡子拉碴、形似"野人"的丈夫，她不禁泪流满面。可不管她怎么劝，丈夫都不肯离岛。20多天后，她做了个重要决定——辞去小学教师的工作，与丈夫一起守岛。

从此，岛就是家，家就是岛。他守岛，她守他，他们并肩作战，共同担负起了守护孤岛的重任，开启了他们充满挑战的守岛生活。

守岛，就是守国

每天清晨，王继才夫妇做的第一件事就是升国旗。他们沿着208级台阶护送着国旗攀登到岛顶，庄严肃穆地升起国旗，让鲜艳的五星红旗在岛上迎风飘扬。尽管没有人要求，他们却坚持这样做。王继才说："升起国旗，就是要告诉全世界，这里是中国的土地，谁也别想欺负咱！"

除了升旗，他们的日常工作还包括巡逻、护航标、写日志，以及维护军事设施和民用设备、救助渔船渔民、观察海上空中情况等。

1997年，一名"蛇头"拿出10万元现金，想要贿赂王继才夫妇，希望他们能在岛上为他的"客人"提供临时住所。王继才夫妇毫不犹豫地拒绝了他的非法偷渡要求。对方恼羞成怒（由于气恼、羞愧而发怒），威胁王继才夫妇，要对他们进行打击报复。王继才随即向县人民武装部和边防部门报告这一情况。经过调查，警方最终成功将这名"蛇头"抓获。

在32年的守岛生涯中，他们多次发现涉嫌走私和偷渡的违法案件。他们的警觉和坚守，为维护岛屿安全做出了重要贡献。

开山岛上国旗飘扬，守岛，就是守国。他们尽自己最大的努力，守护着国土安全。

直到守不动为止

守岛几年后，孩子要上小学了，他们准备向政委提出辞职。还没等王继才开口，身患绝症的老政委就紧紧地握住王继才的手，说道："继才啊，你干得很好！我走了，你要把开山岛继续守好，我才能放心！"王继才辞职的话怎么也说不出口了，他看着老政委承诺道："请您放心，我一定把开山岛守好，一直守到我守不动为止。"

于是，王继才坚守对政委的承诺，和王仕花继续守护着开山岛。在守岛的几十年中，他们的大女儿不得不放弃学业，肩负起了照顾弟弟妹妹的责任。他们回家过春节的次数也屈指可数。王继才不仅缺席了大女儿的婚礼，甚至未能在老父亲临终前与他见上最后一面。

王继才夫妇不惜放弃与家人团聚，也要时刻守护着开山岛。他们不仅是小岛的守护者，更是迷路船只的引路人。那时卫星导航技术还不发达，他们就在夜晚点亮灯火，甚至在雾天用敲盆的方式为过往的渔船指引航向。当遇到渔船求助时，他们也会尽其所能提供帮助。

> **知识链接**
> 卫星导航：利用人造地球卫星对地面、海洋、空中和空间进行导航定位的技术。卫星导航系统能提供全天候、高精度的位置、导航和时间服务。

2018年，王继才积劳成疾（因为劳累而患上疾病），在执勤时突发疾病，倒在了他毕生守护的开山岛上。尽管心中充满悲痛，王仕花还是决定继续守护这座小岛。如今，她和一批批前来轮值的民兵们并肩作战，共同守护着焕发勃勃生机的开山岛。

守岛就是卫国，国安才能家安。王继才夫妇像灯塔一样，发光发热，为他人照亮前行的路。

国之脊梁 · 平凡荣耀

一生守护一座岛,王继才用他的一生兑现了这个承诺。**王继才夫妇用无怨无悔的坚守和付出,在岗位上书写了不平凡的人生华章。**虽然王继才已经离世,但他的爱国奉献精神如同海上的灯塔,指引着我们继续前行。

亲爱的小读者,读完王继才夫妇的故事,你认为他们能够坚持守岛的原因是什么?你受到了哪些启示呢?快把你的感悟和家人、朋友分享一下,并在下面写一写吧!

张连印：无私奉献，变荒山为绿海

扫码听音频

追光计划 第一站 漫画"荣耀"

你敢相信吗？亚洲大陆的干旱中心、我国沙尘暴源区之一的**罗布泊**，在很久很久以前，是一个巨大的湖泊。

干旱少雨、过度放牧、扩大耕地面积等，都会造成土地盐碱化、沙漠化。罗布泊就是这样干涸的。

我国的沙漠、戈壁、风蚀地和沙漠化土地的总面积约169万平方千米，约占国土总面积的17.58%。

土地盐碱化、沙漠化

干旱少雨　过度放牧　扩大耕地面积

张连印的家乡位于我国北方荒漠化土地集中分布区。

退伍后的张连印选择回家乡植树造林、防风治沙。他以实际行动回报家乡的养育之恩，赢得了"**绿化将军**"的美名。

绿水青山就是金山银山。

曾经的不毛之地现已化作广袤的林海，成为一道坚固的"**绿色长城**"。

国之脊梁 · 平凡荣耀

姓　　名	张连印
生卒年	1945年1月—2024年3月
籍　　贯	山西省大同市
职　　业	退伍军人
主要荣誉	山西省优秀共产党员（2021年） 时代楷模（2021年） 中国生态文明奖先进个人（2022年）

奉献：我是一个孤儿，吃百家饭长大，是乡亲们送我去参军，党组织把我从一名士兵培养成为干部，我要回家为乡亲们做点实事。

从士兵到将军的逆袭之路

1964年2月，山西省大同市左云县张家场村的张连印骑着大马，胸前佩戴着鲜艳的红花，村民们敲锣打鼓，为即将参军的他送行。他们将炒瓜子和熟鸡蛋装满了他的口袋。这个从小过着苦日子的青年，此刻感到无比的激动和光荣。

张连印儿时的生活很苦，4岁时父亲去世，6岁时母亲改嫁。后来，奶奶、爷爷也相继离世。他干过木匠，抬过轿子，编过筐子……那时候，村民的日子

都过得紧巴，但总会想办法给他分口吃的。村干部看他有文化而且品行好，安排他当小队记工员。慢慢地，他的日子才好过些。

1964年，张连印参军入伍。临行前，张连印在欢送会上暗自下定决心："不当个好兵，对不起村里对我的培养，对不起乡亲们对我的恩情，对不起生我养我的这片土地。"

入伍后，张连印表现优异，第一年就获得了"五好战士""技术能手"等称号，第二年光荣入党，后来又受到毛主席的亲切接见……一年年过去，张连印一路成长，最终成为省军区副司令员，被授予少将军衔——他没有辜负乡亲们的期望，一路逆袭，从普通士兵成为共和国的将军！

40年的军旅生涯，张连印始终坚持勤勤恳恳、任劳任怨的生活作风。

老将军开辟新"战场"

退休前夕，张连印回老家张家场村探亲，看到村里很多乡亲都住上了大瓦房，骑上了摩托车，他十分高兴。

张连印想好好看一看家乡，可目之所及（眼睛能看到的地方）几乎没有绿色，只有风沙肆虐。张家场村位于我国北方荒漠化土地的集中分布区，植树种草的成活率很低，生态环境非常恶劣。一个强烈的念头从张连印的心底涌起：什么时候，家乡的荒坡才能变成青山？

2003年，退休的张连印毅然选择回到家乡——义务植树，绿化荒山。就这样，张连印迎着塞北的寒风，卸下钢枪，扛起铁锹，走上了这个新的"战场"。

刚开始，张连印的想法很简单，买树苗，然后将树苗种在荒山上。种树是个体力活儿，又苦又累，这里不是沙地就是石头山，其他地方种树时

国之脊梁・平凡荣耀

知识链接

樟子松：属松科，常绿乔木，高可达30米。小枝淡黄褐色。产于中国大兴安岭地区，常成单纯林或与落叶松混生。最喜光，能抗旱、抗寒，为沙地主要造林树种。

浇一次水即可，这里得浇三次，而且这里的土地贫瘠，第一年，种的10 000棵樟子松苗就全死了；补栽了6 000棵，又死了……

张连印十分伤心，但更多的是不甘。于是他购书自学，虚心请教，还跑去外地的林场学习造林绿化经验。渐渐地，张连印摸到了门道。第二年，他种下的树苗成活率超过85%！

种树大业才刚刚开始，修路、通电、打井、修渠这些为大规模植树而做的准备工作，很快就耗光了老两口的积蓄。张连印找亲戚、朋友凑钱，三个子女也拿出积蓄支持他。

有人议论他："投入这么多，肯定是等树长大了赚钱。"

张连印却与乡村两级签订造林绿化合同，并做出承诺：不要林权，不要地权，退耕还林的补助全部交给村民，生态建设成果无偿交还集体。张连印的无私举动让不少干部、群众深受感动，他们纷纷加入他的种树"大军"里。

"战场"换了,"仗"还是为了人民而打。张连印一边种树,一边想方设法让贫困村民在基地务工,帮助他们增收,还免费为种植户提供幼苗、开展培训,鼓励大家自建苗圃,拓宽致富渠道。

后来,在部队已经是正团级职位的儿子张晓斌,也选择回乡陪父亲张连印一起种树。

"不毛之地"变成"绿色屏障"

不幸的是,2011年,张连印被检查出来患有肺癌。手术前,他默默还清了因种树而欠下的所有债务,还准备好了遗照。手术后的第二年开春,张连印不顾家人反对,坚持回了林场。那时的他满脑子都是种树。

清晨的微光中,张连印穿着旧迷彩服,肩扛铁锹,步履坚定地向山上走去。朝霞映衬着老人的背影,也照亮了他身后的林场。他挺直腰杆儿,脚下是漫山遍野的樟子松、云杉、油松、沙棘——这片"绿色海洋"枝繁叶茂、连绵成片,就像是一支训练有素的军队,整齐划一、气势磅礴……

树就是张连印的"兵",张连印被人们亲切地称为"绿化将军"。时光荏苒(rěn rǎn),张连印让这片土地发生了翻天覆地的变化。昔日肆虐的风沙已不复存在,如今,放眼望去,群山披上了绿装,鸟儿的歌声此起彼伏。穿过林间,阳光温柔地洒下,天空澄澈如洗,是一片宁静祥和的景象。

很多人劝张连印,也该歇歇了,但张连印始终没有停下植树造林的脚步,直到去世。

沙地逐渐"消失"——以张连印为代表的人们前赴后继(前面的人倒下了,后面的紧跟上去。形容不怕牺牲,勇往直前),让昔日的不毛之地变成了漫漫林海,在这片土地上筑起了一道坚实的绿色屏障。

张连印,这位历经党多年培养的将军,为民造福的初心和使命镌刻在辽阔的塞北边疆,也深深地烙印在人民的心里。**在张连印无私奉献的感召下,参与绿化荒山的队伍日益壮大。**

截至 2021 年,张连印带领乡亲们为家乡种下 200 多万棵树,造林 1.8 万余亩,育有樟子松、油松、云杉等 20 多个品种,植树成活率超过 95%。

亲爱的小读者,读完"绿化将军"张连印爷爷的故事,你知道他将荒漠变为绿洲的秘诀了吗?你受到了哪些启示呢?快把你的感悟和家人、朋友分享一下,并在下面写一写吧!

魏巧：用科技魔法种地

扫码听音频

追光计划 第一站 漫画"荣耀"

虽然使用了犁具和牛来辅助耕地，但传统农业仍然需要农民付出大量体力劳动。

以前，农民干活儿都是"面朝黄土背朝天"，十分辛苦。

现在可不一样了，随着时代发展，人们可以利用**现代科技**种地，**魏巧**和丈夫孙振中，就是这样的"**新农人**"。

"新农人"管理农业有"新花样"：当天气不好时，可以用大棚系统调节棚内的温度、湿度和光照等；当干旱少雨时，可以用喷灌、滴灌、渗灌等各种技术浇灌田地……

种地，已经成为一种高效的"**田间艺术**"，一种轻松的"**绿色运动**"，甚至是吸引年轻人的"**潮流趋势**"。

姓　　名	魏巧
出生日期	1982年4月
籍　　贯	江苏省镇江市
职　　业	企业家
主要荣誉	全国巾帼建功标兵（2021年） 全国农业农村劳动模范（2023年） 2023年度十大巾帼新农人

新农人应该给农业带来什么？我们的答案是：理念和科技。让种地更高效、更轻松、更有吸引力，成为我们的努力方向。

 高学历人才回家种地

2014年12月13日，习近平总书记在江苏省镇江市丹徒区世业镇先锋村农业园调查了解现代农业的发展情况，与镇江市农科所原所长赵亚夫亲切交谈，赞扬他"做给农民看、带着农民干、帮助农民销、实现农民富"的实践精神。

当时，在世业镇50多千米外的姚桥镇种田的魏云烽看到这一新闻后深受触动，便给女儿魏巧打去了电话，希望她能回来接自己的班。

魏巧是土壤学的硕士，对土地的奥秘了如指掌（清楚得就像指点掌上的东西给人看一样。形容对某事物知道得非常清楚）；魏巧的丈夫孙振中是农学博士，对作物的生长秘诀倒背如流（倒着背都像流水一样。形容对读过的诗文极熟悉）。他们俩，一个是中国科学院地理科学与资源研究所的助理研究员，一个是北京大学深圳研究生院的助理教授，都是农业领域的佼佼者。

在农田的舞台上，这对学术界的"侠侣"正准备上演一场现实版的"归园田居"。在父亲打来电话时，两人就开始有返乡创业的想法了。终于，2017年的春天，他们辞去了令人羡慕的工作，带着满腔热血和专业知识，回到了魏巧的家乡——江苏省镇江市。

他们的目标不是简单的"种地"，而是要"管理"土地，用现代农业技术和数字化管理来实施他们的"新农人"计划。对他们来说，这是一次职业的转变，也是一次生活方式的革新，更是一场关乎土地、科技和梦想的冒险。

 科学的"土地魔术"

依托科技的力量，现代农业已经翻开了崭新的篇章。不同于传统农业，如今的新农业注重的不再是一个人能"种"多少地，而是一个人能"管理"多少地。

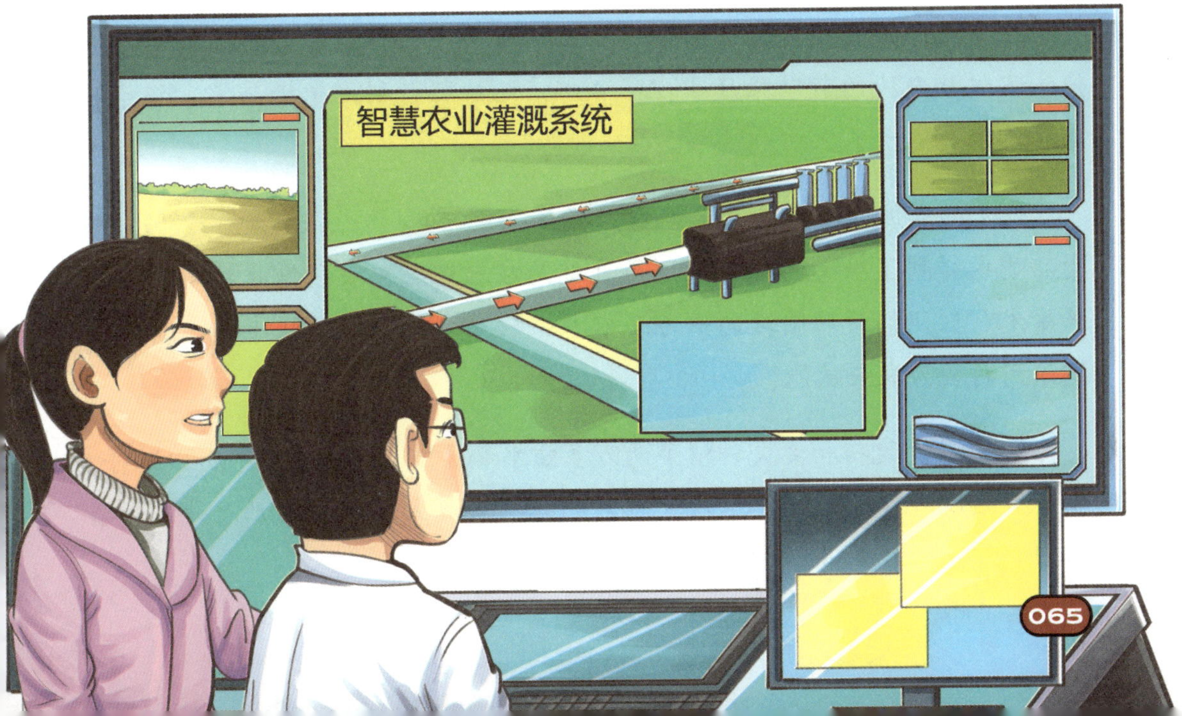

在农业的广阔舞台上，魏巧和她的丈夫这对"新农人"组合，就像是初次登台的喜剧演员，闹出了一些笑话，也尝了不少苦头。他们问自己：新农人应该给农业带来什么？

他们的答案既现代又时尚：理念和科技。此后，他们决心要让种地变成一种高效的"田间艺术"，一种轻松的"绿色运动"，甚至是吸引年轻人的"潮流趋势"。

借助科技的力量，魏巧和丈夫能直接管理500亩田地。他们不再是"看天吃饭"的传统农民，而是"知天而作"的现代农匠。

借助传感系统，他们能够实时监测光照、风速、气温、雨量等环境数据，土壤肥力、苗情长势、病虫害等情况在云平台上也一目了然（一眼就看得清清楚楚）。

> **知识链接**
>
> 物联网：通过各种信息传感设备，实时采集任何需要监控、连接、互动的物体或过程等各种信息，与互联网结合形成的一个信息化、智能化、可远程管理控制的巨大网络。

他们运用物联网、遥感技术等智慧农业装备，让无人播种、无人施肥、无人收割成为现实，展现了现代农业的高效与精准……

在这里，魏巧和丈夫孙振中已经化身为数字化种植的"超级英雄"。他们不仅让农民的劳动强度减少了40%，还让肥料利用率提高了15%，农药的使用量减少了20%。

他们的"魔法"更是让水稻亩产提升了9%，亩均效益增加了28%，粮食品质也得到了很大的提升。这简直就是在农田里施展了增收致富的"增产魔术"！他们帮助附近的一万多农户，就此踏上增收的快车道，真正做到了用科技为农业赋能！

2022年，魏巧和丈夫种植了两万多亩水稻，亩产达1 100斤。2024年，春节假期刚过，已经是全国人大代表的魏巧就赶到了水稻生产基地，忙着挑选今年要种植的水稻品种，确定种植计划。

在希望的田野上，魏巧就像一位勤奋的"侦探"，她的放大镜不仅用来看作物细节，而且用来放大农民的心声。这一年，她几乎踏遍了每一块农田，从农民那里收集了各种与种粮相关的难题，然后又把这些问题和农民的诉求转化为相对应的建议带到全国人民代表大会上。

 年轻人，来种地吧

农民是值得大家尊重的职业，农业是充满潜力的行业，但让年轻人当农民很不容易，因为农业投入大、工作苦、见效慢。然而，农村这片希望的田野，对人才的渴求就如同干涸的土地对春雨的期盼一样。

强国必先强农，强农必先育才。我们可以想象一下，若一群年轻人带着对科技的热爱，对土地的敬畏，走进田野，用智能化的农机、精准的农业管理软件，让种地变得充满乐趣和充满挑战，该是多么振奋人心的景象！

在江苏的绿野田间，魏巧是农民的好朋友，更是年轻学子们的贴心导师。她与江苏大学农业工程学院携手，把课堂搬到了地里，让学生们在稻香麦浪中聆听智慧的声音，学习如何与大自然和谐共舞。

魏巧相信，种地可以是新鲜的、有趣的、时尚的事情。她要让农业成为年轻人向往的事业，让田间地头成为创新和逐梦的舞台。

新的一年，魏巧的农场又来了很多学生，在田间进行各种农业新技术、新模式、新装备的应用。看到这么多年轻人的身影，看到他们在田里驾驶机器，又种又收又学，魏巧的内心乐开了花。

国之脊梁·平凡荣耀

"农业现代化需要挖掘和培养更多农业人才，既可以在田间地头教学，也要在粮食生产各环节中通过实训培养。"魏巧说。

与魏巧一样，越来越多新时代的"新农人"，在充满生机的田野上学农、务农，挥洒汗水。

亲爱的小读者，读完魏巧阿姨和孙振中叔叔这两位科技"新农人"的故事，你发现他们在种地中获得成功的秘诀了吗？你受到了哪些启示呢？快把你的感悟和家人、朋友分享一下，并在下面写一写吧！

毛相林：脱贫路上的当代愚公

扫码听音频

追光计划 第一站 漫画"荣耀"

这不是电影里的特效，而是下庄村村民们的日常生活。

想象一下，若是站在悬崖边，脚下是深不见底的深渊，头顶是高不可攀的峭壁，你会感到害怕吗？

毛相林不愿遵从命运的安排，他要做**当代愚公**，带领乡亲们凿山开路。

如今，下庄村早已变了样，路通了，日子也好起来了。

2020年，带领村民们开山、致富的毛相林被评为**"时代楷模"**。

荣誉证书

国之脊梁 · 平凡荣耀

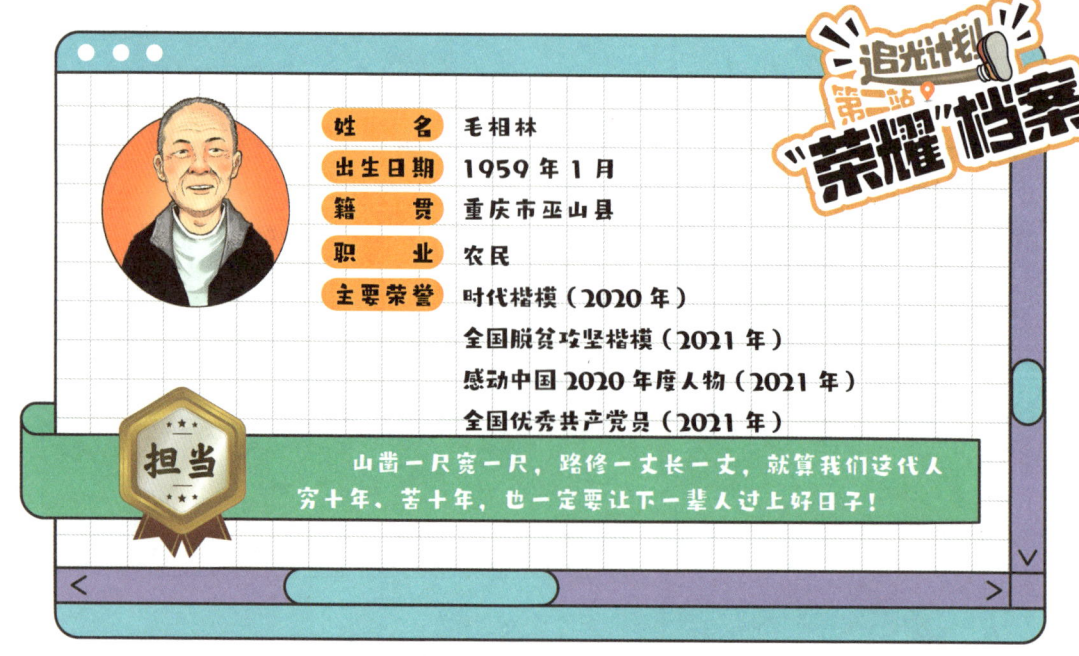

追光计划 第二站 "荣耀"档案

姓　　名	毛相林
出生日期	1959年1月
籍　　贯	重庆市巫山县
职　　业	农民
主要荣誉	时代楷模（2020年）
	全国脱贫攻坚楷模（2021年）
	感动中国2020年度人物（2021年）
	全国优秀共产党员（2021年）

担当

山凿一尺宽一尺，路修一丈长一丈，就算我们这代人穷十年、苦十年，也一定要让下一辈人过上好日子！

追光计划 第三站 "荣耀"故事

我们要走出"天坑"

在重庆的巫山县，秦巴山区的心脏地带，有一个小村庄——下庄村。要从外面到达这里，需要翻越几座巍峨的山峰，穿过蜿蜒曲折的"之字拐"山路，宛如经历一场现实版的"过山车"。

知识链接

秦巴山区：秦岭大巴山及其毗邻地区。秦岭横贯我国中部，东西走向，是南北自然分界线。大巴山也称巴山，是四川盆地与汉中盆地的界山，绵延四省市，呈西北—东南走向。

这个被当地人戏谑（xuè）地称为"天坑村"的地方，四面绝壁将村庄紧紧合围，村民们只能攀爬一条"挂"在绝壁上的羊肠小道进出，到县城得花费两天时间。下庄村村民中几乎有一半人从未走出过大山。他们常常自嘲地说："下庄像口井，井有万丈深。"

毛相林从小就是听着这样的说法长大的。直到1997年，时任村委会主任的毛相林去县里开会，看到邻村的村民们家里有电视机，还有车来收购蔬菜。原来山里的生活也可以如此丰富多彩，毛相林的心里顿时燃起了一团火。

回到村里，毛相林立刻召集村民，向他们提出要修一条出山路的想法。起初，村民们有的摇头，有的质疑，"你看这山，鸟都飞不过去。""钱从哪里来？"但毛相林没有放弃，他算了一笔账：公路总长七八千米，计划用20年修完，每天修一米就行。全村有将近400人，修路是可行的。不修路，没出路！全村人终于下定决心修路，毛相林带头签下了一份"生死状"，誓言"路不通，不罢休"。

"愚公"开山，愿当筑路人

脚下是深渊，头顶是峭壁。村民们没有先进的设备，全靠较为原始的工具作业。有时候，他们需要用钻爆法炸开大块的岩石，胆子大的村民会在腰间系上长绳，然后站进挂在悬崖边上摇摇晃晃的箩筐里钻炮眼。只要放一炮炸出一小块立足之地，男女老少就齐上阵，用锄头、钢钎和大锤，一下一下地凿石头，鞋子磨破了，就赤脚上阵；天黑了来不及回家，就住在山洞里。每一寸路都是村民们用血汗换来的。

> **知识链接**
> 钻爆法：通过钻孔、装药、爆破开挖岩石的方法，适用于各种地质条件和作业环境，是目前技术最成熟、应用最广泛的岩石开挖方法。

一天，村民黄会元在凿石修路时，不幸被巨石砸中，滚落山下。葬礼上，毛相林声音颤抖着问村民们："如果再修下去，可能还要死人。今天大家表个态，这路到底修还是不修？"

"修!"黄会元的父亲黄益坤大声吼道,他的眼睛里闪烁着泪花,但眼神坚定,"为了子孙后代,我儿子死得光荣!路必须修下去,人不能白死。"他的话增强了村民们心中的斗志。这一修,就是7年。7年里,有6位村民先后为修路献出了宝贵的生命,但大家从来没有想过放弃。

2004年,悬崖绝壁间一条长达8千米的路终于修通了!通车那天,毛相林找来一辆车试驾,全村人跟在车后,脚步轻快而坚定。当他们走到路的终点时,毛相林哭了,全村人都哭了——这是梦想成真的泪水。

后来,当地政府对这条路进行了加宽、硬化加固,并加装了护栏。这条路不仅变得更加安全了,也极大地缩短了从下庄村到县城的时间:从过去的两天,缩短到一个半小时左右。

 **路漫漫,继续前行**

当时的下庄村属于贫困村,虽然摆脱了与世隔绝的困境,但村民头上的"贫困帽"依然沉重。下庄村需要有自己的产业,于是,毛相林又一次站了出来,继续"折腾"。依然是"愚公移山",不过这次移的不是山,

而是贫困。

毛相林曾尝试带领村民发展蚕桑产业，但因气候不适宜，失败了。这次的失败并没有打败毛相林。2009年，他又试种西瓜，获得了成功，村里的西瓜种植面积迅速扩大到200亩。

毛相林并没有因此满足。2014年，他请来农业专家，对下庄村的土壤、气候、光照等进行了全面的考察评估，最后确定发展柑橘、桃、西瓜三大产业。县里也派来了果树栽种技术专家，手把手地培训村民。2015年，下庄村整村脱贫；2020年，全村人均收入更是超过1.3万元，村民们的日子一天比一天红火。

2021年，毛相林被党中央、国务院授予"全国脱贫攻坚楷模"荣誉称号。"这份荣誉让我感觉肩上的担子更重了，今后要更加努力回馈乡亲们。"现在的他仍在努力改善村容村貌，发展乡村旅游，想方设法让下庄村成为游客们向往的世外桃源（晋朝诗人陶渊明在《桃花源记》中描写了一个与世隔绝、没有战乱、人人安居乐业的理想社会。后指脱离尘世纷扰的或理想中的美好地方）。这些年，返乡村民越来越多。看着一拨拨年轻人回来，毛相林感慨万千。现在，在村口两层楼高的下庄村博物馆里，毛相林依然在为一批又一批的外地游客讲述下庄村人当年的奋斗故事。

国之脊梁·**平凡荣耀**

新华社这样评论毛相林:"锄头,坚韧有力,凿石碎土之物。在重庆市巫山县下庄村村干部毛相林身上,也有这么一股子劲:**不畏艰难,敢跟坚石斗硬;扎根群众,把自己深深嵌在泥土里**。在脱贫攻坚收官这个打硬仗啃硬骨头的战场,完成硬任务,就需要毛相林这种'硬锄头'。"

亲爱的小读者,读完毛相林爷爷这位当代"愚公"的故事,你发现他能开山、能致富的秘诀了吗?你受到了哪些启示呢?快把你的感悟和家人、朋友分享一下,并在下面写一写吧!

_____

_____

_____

_____

_____

_____

_____

_____

_____

江梦南：知命不惧，日日自新

扫码听音频

追光计划 第一站 漫画"荣耀"

假如我们从小就听不见声音，我们的世界会是一片寂静。爸爸妈妈和我们说话，我们只能茫然地看着他们的嘴巴开开合合。

听不见声音，那我们大概率也会有言语障碍，因为无法通过"听"来学说话。

2005年春晚，有一个震撼人心的节目——《千手观音》，里面的舞者几乎都是听障人士，他们表演时主要依靠地板的震动来感受节奏的变化。

而湖南有个**自小失聪**的小女孩**江梦南**，在父母的帮助下，她通过感受喉咙的震动、他人说话时呼出的气流的变化、对着镜子练习口型的方式，学会了『听』和『说』。

江梦南靠着她那坚不可摧的意志，获得了连许多健全人也难以企及的成就。
江梦南的心愿是，为所有人创造一个平等、包容、无碍的环境，让人人都能平等地生活与工作。

姓　　名	江梦南
出生日期	1992年
籍　　贯	湖南省郴州市
职　　业	科研工作者
主要荣誉	感动中国2021年度人物

坚毅

人生就是一场马拉松，比拼的是速度，更是决心和毅力。

 **成为生命的强者**

1992年，在湖南省郴州市宜章县，江梦南出生了。半岁时，她因一场肺炎被误用药物，导致听力受损，左耳几乎听不见，右耳则完全失聪。从此，她就一直生活在一个没有声音的世界里。

医生建议将江梦南送去特殊教育学校上课，但她的父母没有这样做，而是带江梦南开始了一段不寻常的"声音探险"。他们让小梦南摸着他们的喉咙，感受说话时喉咙的震动，还让她用手感受他们说话时呼出的气流，教她通过观察口型来学习说话。江梦南对着镜子，一遍又一遍地练习，直到她说话时的嘴型和妈妈的一模一样。

就这样，江梦南的父母用爱和耐心，帮助她打开了一扇通往有声世界的大门。她学会了"听"和"说",还解锁了读唇语的技能。她曾说:"读唇语是父母给我的一个特别特别大的礼物。"

到了背起书包上学堂的年纪,江梦南在家乡的普通小学"旁听",通过读老师的口型来"听课"。因为不能时时刻刻看到老师的嘴型,她大多数时候依靠板书和课后的自学来跟上课程进度。凭借不懈的努力和惊人的记忆力,江梦南的成绩总是名列前茅(指名次排列在前面),最终她以全市第二名的成绩考入了郴州市第六中学。

知识链接

张海迪:1955年出生,山东省作家协会文学创作室一级作家,中国作家协会第九届全国委员会委员。5岁时因患脊髓血管瘤导致高位截瘫,自学完成小学、中学和大学课程,并自学针灸和多国语言。1993年,获吉林大学哲学硕士学位。2008年任中国残疾人联合会第七届主席团主席,2016年任康复国际主席。

江梦南一直把父母的话记在心里:"听不见是既定事实,与其怨天尤人,还不如尽自己最大的努力去克服。"2011年,江梦南以优异的成绩考入了吉林大学药学专业,这是她的偶像张海迪的母校。她决定要像张海迪一样,成为生命的强者,用自己的努力书写传奇的人生。

 ## 追求卓越,不以弱者自居

江梦南心中有一个梦想——成为一个能够驱赶痛苦、治愈疾病的"超级英雄"。她从不降低自己的做事标准,总是积极向上、追求卓越,从不以弱者自居,而是选择把身体的挑战视为成长的机遇。

在吉林大学学习期间,江梦南每天都会把手机闹钟调成震动模式,整夜握着手机睡觉,以便第二天早上能够被闹钟叫醒。她总是坐在教室的最前排,就像是坐在观众席的VIP位置一样,确保自己不错过任何学习的机会。老师和同学们也像家人一样,主动帮助她解决学习和生活中遇到的难题。

江梦南不仅成绩优异,还光荣地加入了中国共产党,获得了多项荣誉和奖励,这些都是她能力的最好证明。2015年,本科毕业后的江梦南开始攻读硕士研究生。考虑到她听不见声音,如果进行复杂的化学实验可能会有危险,她的硕士导师杨晓虹教授为她选择了计算机辅助药物设计的研究方向。在读研期间,江梦南凭借坚韧不拔(形容意志坚强,不可动摇)的意志和孜孜以求的精神,取得了很多人难以取得的成绩,成了吉林大学优秀学生的典型代表。

2018年,经过母校的推荐,江梦南被清华大学生命科学学院录取为博士研究生,主攻肿瘤免疫和机器学习。这标志着她在学术研究的道路上又迈出了坚实的一步。

2018年,吉林大学第三医院经过专家团队的会诊和研究,从北京请来了全国著名专家韩德民院士为江梦南进行了人工耳蜗植入术。这是她人生中的一次重要转变。

知识链接

人工耳蜗植入术:一种利用人工耳蜗以恢复和改善听力的手术,主要用于治疗双耳重度或极重度的感音神经性耳聋。感音神经性耳聋即内耳、听神经或听觉中枢的病变引起的听力丧失。《人工耳蜗植入工作指南(2013)》建议最小植入人工耳蜗的年龄为6个月。

知命不惧,日日自新

当江梦南戴上人工耳蜗时,她又面临了新的挑战——她需要持续地进行听力训练,才能建立耳蜗里听到的声音与文字之间的联系。同时,她还要面对清华大学繁重的学业压力,这无疑又开启了新的"克服困难模式"。

2020年，江梦南当选<u>清华大学学生无障碍发展研究协会</u>的第五任会长，致力于向社会公众、校内外师生普及无障碍理念，推动校园无障碍环境建设。她的心愿是为所有人创造一个平等、包容、无碍的环境，让人人都能平等地生活与工作，从而推动整个社会的进步。

> **知识链接**
>
> 清华大学学生无障碍发展研究协会：在清华大学无障碍发展研究院指导下于2016年成立，协会立足于价值塑造、关爱赋能、科技向善，通过无障碍理念宣传培训、无障碍环境建设促进、校内外无障碍志愿实践，助力打造包容友好健康活力的通用无障碍校园。

"知命不惧，日日自新。"走下《感动中国》颁奖台没多久，江梦南在社交平台写下这句话，然后就默默地回到了学术研究的"战场"，继续在知识的海洋中乘风破浪（船趁着顺风，破浪前进。形容不怕困难，奋勇前进）。

江梦南说她会继续努力，做最好的自己。

虽然生活给了江梦南一个比别人更低的起点,让她生活、成长和求学之路的每一步都充满了挑战,但她像一位勇敢的探险家,选择逆风飞翔、勇往直前。经过不懈的努力,江梦南最终收获了丰硕的果实,证明了奋斗可以战胜困难。她的故事告诉我们:**只要有决心和勇气,即使是残障人士也可以探索出一个和健全人一样宽广的世界。**

亲爱的小读者,读完江梦南阿姨的故事,你发现她在生活和学习中获得成功的秘诀了吗?你受到了哪些启示呢?快把你的感悟和家人、朋友分享一下,并在下面写一写吧!

谭翊泉：把贫困村变成"黄金村"

扫码听音频

追光计划 第一站
漫画"荣耀"

你是不是觉得，在湖上悠闲地泛舟、采莲、赏鱼，简直有趣极了？

但如果让你生活在一个只能靠划船出行的地方，你就会感受到这有多么不方便了。

小娃撑小艇，偷采白莲回。
不解藏踪迹，浮萍一道开。

为了改变这种状况，**驻村第一书记谭翊泉**兢兢业业，让贫困的东山村变成了**"庐山西海滨湖第一村"**。

因工作出色，2020年11月，谭翊泉被评为全国先进工作者。2022年5月，谭翊泉获得第26届『中国青年五四奖章』。

国之脊梁 · 平凡荣耀

"荣耀"档案

姓　　名	谭翎泉
出生日期	1985 年 2 月
籍　　贯	江西省庐山市
职　　业	驻村干部
主要荣誉	全国先进工作者（2020 年） 中国青年五四奖章（2022 年）

担当：作为新时代青年，我们更应展现责任和担当，接续奋斗，交出不负时代、不负韶华的青春答卷。

"荣耀"故事

从城市青年到乡村扶贫干部

东山村被山水环绕，景色优美，但因为交通闭塞，村民们的生活并不像村里的风景那样美丽。

谭翎泉，一位标准的城市青年，曾是九江学院团委干部。2015 年，谭翎泉作为扶贫队员来到东山村。2016 年，他主动请缨留下来担任驻村第一书记。

谭翎泉第一次来村里时，没有路，他是坐着老百姓的船进的村子。刚到村，谭翎泉就有些犯难。

知识链接

第一书记：为全面推进乡村振兴、巩固拓展脱贫攻坚工作，国家从省市县机关优秀干部、年轻干部，国有企业、事业单位优秀人员等工作者中选派到贫困村等地担任党组织负责人的党员。有农村工作经验或涉农方面专业技术特长的优先。

东山村是典型的移民村,它将来自五湖四海(多指全国各地,有时也指世界各地)的村民聚集在一起,村里不仅矛盾纠纷多,工作协调难,而且交通不发达,底子太薄,想要发展,难度很大。

谭翊泉——这位立志要"驻心"的扶贫干部,决定成为这个村庄的一部分,用心去感受每一户人家的生活冷暖。

要想富,先修路。于是,谭翊泉开始了他的"筑路大计"。

他先是带着大家用土坝在水中铺路,但土坝根本填不起来;他又试着将石块填入水中,但水最深处有10多米,石块也被河水冲走了。终于,他有了一个绝妙的主意——用钢管做"棋子",先用钢管一根一根地在河底打桩,布下"阵"来,再往中间填石头。这一次,他们成功了。一条条路逐渐显现出来,这些路连接了东山村和外界,让山村的画卷也展开了新的一页。

修路筑桥建起全村路网,逐步完善水电等基础设施,发展特色产业……东山村于2017年成功脱贫,还先后获得全国脱贫攻坚先进集体、全国文明村等多项荣誉。

在驻村日记中,谭翊泉写道:路是人走出来的,事业是人干出来的。

当选为村支书的"第一书记"

2018年,当谭翊泉收拾行囊,准备踏上归途的时候,老支书彭仁训拦住了他。原来,在村"两委"换届选举的大会上,全体党员投票,一致推选谭翊泉为村党支部书记。

谭翊泉成为村支书后,开始像战略家一样,为东山村绘制发展蓝图。在他的推动下,九江学院选派了一支博士团队对东山村开展专项规划,为东山村量身打造了一套"旅游+生态+扶贫"的发展策略。

在谭翊泉的带领下,村里启动了"基础设施大改造"计划,不仅改造了危房,还让村里的水源更洁净了,道路更平坦了。此外,村里还新建了党员群众服务中心、居家养老服务中心,以及农家书屋、移民文化广场等民生工程,既为村民提供了更便利的服务,又丰富了村民的精神生活。

知识链接

黄芪：豆科，多年生草本，分布于我国东北、华北、西北以及四川、西藏等地，根可入药。

谭翊泉帮助村里打造出蔬菜基地、龙虾基地、黄芪(qí)基地、苗木产业基地、垂钓基地等，它们就像是一颗颗璀璨的宝石，镶嵌在东山村的土地上。东山村变成了一个美丽宜居的示范村，村民的生活也越来越舒坦了。

2020年11月，因工作出色，谭翊泉被评为全国先进工作者。2022年5月，谭翊泉获得第26届"中国青年五四奖章"。这使我们真切地看到：作为一名共产党员，只要真心为人民做事，就能够得到人民的信任和认可。

贫困村的华丽蜕变

近几年来，东山村不仅在传统果木业上深耕细作，还积极发展现代果蔬业和康养文旅业，建立了食品生态产业园。村集体收入已经从一开始的负债增长到2023年的115.6万元……

如今的东山村数字产业园就像一座连接乡村和城市的桥梁，将这里纯净的生态产品通过电商平台，送到千家万户的餐桌上。东山村成了大学生创业的热土，他们带着梦想和热情，将这里的宝藏推向全国。

"山乡巨变，天翻地覆。"时光匆匆，东山村已经从曾经的贫困村蜕变成了产业兴旺的现代化村庄，变成了"庐山西海滨湖第一村"。

谭翊泉扎根基层，他用40多万字的扶贫日记本，记录着他的扶贫故事。厚厚的日记里，记载着村民们的笑容和东山村的华丽蜕变。谭翊泉一直在为东山村谋划着更广阔的未来。

谭翊泉,这位东山村的"魔法师",凭着他的智慧与担当,将一个贫穷的小村庄变成了一个富裕的"黄金村"。他不仅让东山村焕发新颜,他的故事还像一股清泉,激励着无数青年人投身到乡村建设的浪潮中来。

2024年,谭翊泉又迎来了人生的新篇章——成为中国人民大学的一名博士。作为新生代表,谭翊泉表示,**在今后的学习中,一定深耕专业领域,提升科研素养,修炼过硬本领,把论文写在乡村振兴的蓝图里,写在祖国大地上,写在中华民族伟大复兴的时代洪流中,为推进中国式现代化做出应有贡献。**

亲爱的小读者,读完谭翊泉叔叔的故事,你发现他在东山村脱贫致富中获得成功的秘诀了吗?你受到了哪些启示呢?快把你的感悟和家人、朋友分享一下,并在下面写一写吧!

任秀波：默默丈量祖国的壮美河山

扫码听音频

追光计划 第一站 漫画"荣耀"

你知道世界最高的山是什么山吗？

喜马拉雅山是世界上最高最雄伟的山脉。它分布在中国西藏自治区和巴基斯坦、印度、尼泊尔、不丹等境内。

喜马拉雅山的最高峰，叫**珠穆朗玛峰**，海拔8 848.86米。这个数据是我国国测一大队在2020年测出来的。

我国自然资源部第一大地测量队的**任秀波**，在2005年第一次**参加珠穆朗玛峰高程测量**。

过去的数年间，任秀波每年至少有8个月是在条件艰险的野外度过的。他负责的任务从未出现过偏差。2022年，任秀波被中央宣传部、自然资源部联合授予**"最美自然守护者"**称号。

国之脊梁 · 平凡荣耀

追光计划 第二站 "荣耀"档案

姓　　名	任秀波
出生日期	1979年4月
籍　　贯	陕西省榆林市
职　　业	测绘工程师
主要荣誉	全国测绘科技进步奖一等奖（2006年） 最美自然守护者（2022年） 陕西省五一劳动奖章（2023年）

坚守

一代又一代测绘队员们在面临困难时，所有人都选择了坚守，没有一个人退缩。

追光计划 第三站 "荣耀故事"

 我得把这个数据留下来

珠穆朗玛峰（简称"珠峰"），这座地球之巅，不仅是地理上的制高点，也是测绘人心中的荣耀之峰。1975年，国测一大队的队员们首次完成了珠峰测量。1966年、1968年、1975年、1992年、1998年、2005年，人们6次对珠峰进行测量，每一次都是对人类极限的挑战，对技术极限的突破。

2005年，国测一大队承担起珠峰复测的任务。任秀波凭借过硬的身体素质和不怕吃苦的工作作风入选测量登山队，他就这样沿着前辈们的足迹，迎来了人生中的首次珠穆朗玛峰高程测量。

测量途中,当队伍攀登至7 500米的高峰时,一场突如其来的暴风雪让整个队伍陷入了困境,指挥部迅速做出了明智的决定——立即撤退。

任秀波不知道接下来会发生什么事,每一次的挑战都可能是最后一次,而此时这个高度测量到的数据,对于科学和探险人员来说,就是无价之宝(无法估量价格的宝物。指极珍贵的东西)。这位勇敢的年轻人下定决心:必须抓住机会,记录下这个高度的重力值。在这次与时间赛跑的冒险中,为了操作快速且准确,他冒着极大的风险摘下了鸭绒手套,在寒风中,他的手指在仪器上反复操作。十几分钟过去了,他的双手冻得几乎失去了知觉,但他依然没有放弃。

几个小时后,当他们安全下撤,任秀波尝试用各种方法让自己的双手重新恢复知觉,幸运的是,他最终如愿以偿。

在大家的坚持之下,他们成功将珠穆朗玛峰的重力测量推进到了7 790米的高度。

"为国测绘",再次出征

2020年,我国再次开展珠穆朗玛峰高程测量,这是国测一大队对珠峰发起的第七次冲锋。已经转岗到办公室工作的任秀波,作为曾参加过珠峰测量的老将,主动站出来参与现场协调指挥,挑起了大梁,主要负责宣传、协调、协助峰顶设备研发培训、峰顶测量作业指挥等工作。

在近两个月的时间里,任秀波几乎一直坚守在海拔5 200米的珠峰大本营。为确保媒体稿件的质量,他经常审稿、审片至凌晨。此外,他曾多次冒着危险长途跋涉,和队员们一起背着测绘仪器前往交会点;也会身体力行地为年轻队员们培训登山技能、峰顶设备使用技巧;还会特地抽出时间主动找年轻队员谈心。

国之脊梁·平凡荣耀

2020年5月27日上午11点,经过近9个小时的艰苦攀登,珠峰高程测量登山队终于爬上了最高峰,站在了世界之巅。

登顶只是开始,真正的挑战在于接下来的测绘工作。队员们在峰顶连续工作了两个半小时,尽管遇到了重重困难,但他们的每一个动作都精确而迅速。

这两个半小时的时间里,任秀波为了与队员们保持通话,一直保持双膝跪地的姿势。任务顺利完成后,任秀波才发现自己的双腿早已麻木。最终,经过36个小时的等待,当得知数据安全且质量良好、完全满足要求时,任秀波和队友们才真正放下心来。

这次测量使用的 测绘设备,不仅在技术上实现了突破,更展现了

> **知识链接**
>
> 测绘设备:为测绘作业设计制造的数据采集、处理、输出等仪器和装置。2020年5月27日的珠峰高程测量是中国首次将北斗卫星导航系统应用于珠峰峰顶的测量中,这是北斗系统在极端环境下的一次重要测试,其成功对于全球北斗用户来说都是振奋人心的消息。同时,GNSS接收机、雪深探测雷达、重力仪、超长距离测距仪等设备均由我国自主研发。

我国自主研发设备的可靠性和精准度。

虽然这次没有参与登顶，任秀波感到有些遗憾，但完成了党和国家交给他们的任务，他很欣慰。年轻队友也在快速成长，他们继承了老一辈测绘人艰苦奋斗、无私奉献的精神。

在珠穆朗玛峰的峰顶，8 848.86 米这个数字不仅代表了地球之巅的新高度，更代表了中国科技的新高度，向世界展现了中国力量、中国精神。

不忘初心，方得始终

在全力完成本职工作的同时，任秀波还兼任国测一大队精神展示室的讲解，经常走进校园，积极参与测绘科普活动，为学生们分享测绘人的动人故事，普及自然资源、测绘等相关知识。

"不忘初心，方得始终。"任秀波一直用这句话鞭策自己。这么多年，任秀波的足迹几乎遍布了祖国的每一个角落。他就像一位不知疲倦的探险家，20 多年来，不仅两次挑战珠穆朗玛峰的高程测量，还多次深入西藏的无人区和新疆的沙漠腹地，先后参与多项国家重大工程的测绘工作，在祖国版图上标注了一个又一个地理坐标。

国之脊梁 · 平凡荣耀

星光不负赶路人，江河眷顾奋楫者。"一代又一代测绘队员们在面临困难时，所有人都选择了坚守，没有一个人退缩。"任秀波说。即使工作环境艰苦、危险，但是他们仍然选择继续向前走，在平凡的岗位上忘我地奋斗。

任秀波就像一棵深植于土壤的大树，把根牢牢地扎在测绘事业的沃土之中，始终践行"**热爱祖国、忠于事业、艰苦奋斗、无私奉献**"的测绘精神。

亲爱的小读者，读完任秀波叔叔的故事，你是否发现了他在测绘事业中获得成功的秘诀呢？你受到了哪些启发呢？快把你的感悟和家人、朋友分享一下，并在下面写一写吧！